부의 시선

슈퍼리치는
어디에
눈길이 가는가

박수호
나건웅
김기진
지음

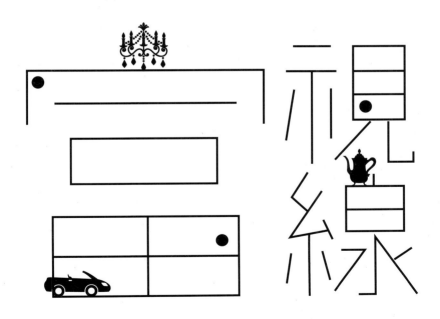

예미

추천의 글

'슈퍼리치'라 하면 부러움의 대상이기도 하지만 위화감으로 인식하기도 하는데, 단어 그대로 '돈이 많은 사람들'이라는 의미로 받아들이기 때문일 것이다. 그런데 이 책은 바깥에서 슈퍼리치를 바라보는 시각이 아니라, 슈퍼리치의 입장에서 그들의 '취향'과 '일상', '쉼'과 '삶'을 바라보며 그들이 추구하는 깊은 의미를 발견한 시각이 흥미롭다. 잘 알려진 최고급 브랜드에 대한 이야기가 아니라 그들은 그것을 왜 소유하려 하는지, 그것을 통해 무엇을 얻으려 하는지, 이렇게 얻은 것들이 그들에게는 어떤 의미인지를 흥미롭게 풀었다.

슈퍼리치라는 단어가 주는 선입관 때문에 최고가 최고급만 추구할 것이라는 기대도 여지없이 무너뜨리고, 최고의 가격이 아니라 최고의 경험을 어떤 의미와 형태로 담아낸 것을 선호하는지를 기자의 예리한 눈으로 잘 포착하고 있다. 그들에게 '소유'와 '일상'이란, 그리고 '쉼'과 '남다름'이란 무엇이며 어떻게 표현하며 즐기는지, 다양한 모습과 브랜드로 보여주면서 단순히 부러움이나 위화감을 넘어 그 속에 담은 철학을 쉽고 간결하게 설명해준다.

사례로 들고 있는 다양한 형태의 상품이나 기호를 가격으로 말하는 대신, 그것을 즐기는 슈퍼리치의 품격으로 해석하는 것은 '격과 결을 달리하는' 접근이다. 흔히 오해하고 있는 것 중의 하나가 슈퍼리치는 돈으로 승부한다는 생각인데, 그들은 가치 지향(Value for Money)이라는 것을 보여주면서 그들이 사고자 하는 것은 사치와 허영이 아니라 그 속에 담긴 꿈과 희망이라는 것을 분명히 말하고 있다. 또 공간을 사기보다는 그 공간에 담긴 경험과 서비스를 사는 데 주저하지 않는다는 사실도 다양한 형태의 사례로 증명해 보이고 있다.

'돈'은 슈퍼리치의 현재를 바라보는 관점이라면, '문화'는 슈퍼리치의 축적된 삶 전체를 바라보는 관점이다. 슈퍼리치의 현재가 아니라 과거에서부터 현재까지 누적되고 연속된 슈퍼리치의 삶 그 자체를 바라본 시각이라면 슈퍼리치에 대한 이해의 스펙트럼은 넓어진다. 부럽고 따라 하고 싶지만 지탄할 슈퍼리치가 아니라, '격과 결을 달리하는' 슈퍼리치를 통해 깨닫는 바가 있음을 일깨워 주는 가볍지만 무거운 책이다.

자칫 지탄받거나 구설의 중심에 설 수도 있는 소지의 소재를 대중에게 부담스럽지 않게 소개하는 작가 세 분의 담백한 용기에 박수를 보낸다.

이화여자대학교의료원 서비스혁신단장, 《격의 시대》 저자
김진영

contents

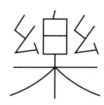

취향, 소유

공간, 일상

쉼, 여행

삶, 남다름

프롤로그

진짜 부자들은 어떻게 살까.

일반인들이라면 궁금해할 소재였습니다. 애초 《매경이코노미》가 연재를 기획했을 때도 단순히 이런 말초적인 궁금증을 소화해주는 가십성 기사를 써보자며 가볍게 접근했습니다.

그런데 그게 아니었습니다.

부자, 그중에서도 슈퍼리치의 삶은 또 달랐습니다. 또 이들의 마음은 물론 지갑을 열게 하기 위해 고도의 전략을 펼치는 기업들의 눈물겨운(?) 마케팅 현장도 곁에서 지켜볼 수 있었습니다.

부자들은 단순히 비싸다고 무조건 열광하는 것은 아니었습니다. 보석은 분명 초고가지만 단순히 금은방에서 보석을 사지는 않더군요. 스토리텔링이 있는 '반클리프 아펠'의 사연 있는 제품이 더 잘 팔렸습니다.

초고가 보석만이 아닙니다.

경험에 있어서도 돈만 많이 주면 갈 수 있는 여행이 아니라 아무나 겪어보기 힘든 경험을 제공하는 포시즌스호텔이 기획한 1억 원짜리 세계 여행을 선호합디다. 일단 진입장벽이 기본적으로 있다는 말이죠.

슈퍼리치와 이들을 둘러싼 생태계의 속살은 이처럼 은밀한 듯 그러면서도 어찌 보면 같은 돈을 쓰더라도 좀 더 의미 있게, 좀 더 달리 쓰는 데 초점을 맞춘다는 걸 알 수 있었습니다.

그래서 점점 이들을 겨냥하는 업종은 늘어나고 다양하고 좀 더 디테일이 있는 서비스로 진화하고 있습니다.

이 책을 내게 된 배경도 여기에 있습니다.

더불어 취재하는 과정에서 '그러면 슈퍼리치가 뭐냐? 어떻게 나누냐'는 질문도 많이 받았습니다. 세계의 슈퍼리치 숫자를 가늠하기는 쉽지 않고 슈퍼리치의 기준이 모호하다는 이들도 많습니다.

통상 로스차일드, 룩셈부르크국제은행BIL과 같이 슈퍼리치 전문 은행에서는 현금성 자산 500만~1000만 유로(약 64억~128억 원) 정도는 돼야 슈퍼리치 고객으로 받아들인다고 하고요, 한국의 슈퍼리치도 브랜드별로 나름 각자 기준이 있긴 하더군요.

국내 한 럭셔리 브랜드에서는 '집 인테리어에 2억 원 이상을 지출(빌트인 주방가전 5000만 원+주방가구 5000만 원, 총 인테리어 비용의 절반이 주방)할 수 있는지 여부, 인테리어 비용은 집값의 10%를 쓸 수 있어야 한다'라고 정리한 곳도 있습니다.

즉 집값은 20억 원 이상이 돼야 한다는 말인데 2015년 말 공시가 기준 서울에서 20억 원 이상은 1245채 정도가 되더군요.

또 다른 곳은 평균 자산 300억 원 정도를 슈퍼리치로 분류하기도 했습니다. 300억 원 이상 자산 등록자는 전국에 약 1500명 정도로 추정한다고도 합니다.

거기다 매년 주식 부자 순위가 발표되면 대충 어떤 사람들이 여기에 해당하는지도 짐작이 가능하더군요. 이들의 행보를 뒤따라가다 보면 재테크 방법도 덩달아 얻어걸리기도 하는데요. 미술이라든지 한정판 수집 취미가 여기에 해당됩니다.

여하튼 이래저래 연구 거리가 많은 단어가 '슈퍼리치'였습니다.

저희 기자들이 지난 3년간 공들여 쫓아다닌 슈퍼리치의 세계로 여러분을 안내합니다.

2019년 8월
박수호, 나건웅, 김기진

樂

취향, 소유

"슈퍼리치 대다수는 취향이 확고하고 까다롭다. 트렌드보다
는 희소성을 가장 큰 가치로 여긴다. 자신이 무엇을 좋아하고
원하는지 확실하게 안다."

괴테가 애용한 필기구

파버카스텔

"파버카스텔 없이는 어떤 것도 디자인하고 싶지 않다."

샤넬의 전성기를 이끌다 최근 세상을 떠난 디자이너 칼 라거펠트가 한 말이다. 칼 라거펠트는 파버카스텔Faber-Castell 필기구 마니아로 유명했다. 평소 디자인 스케치 작업을 할 때 애용했다고. 지난 2016년에는 컬래버레이션을 통해 한정판 색연필 세트 '칼 박스Karl Box'를 선보이기도 했다. 2500세트가 한정판으로 제작됐으며 국내에서는 350만 원에 판매됐다. 칼 라거펠트 외에도 화가 빈센트 반 고흐와 작가 요한 볼프강 폰 괴테, '도널드

덕'으로 유명한 미국 만화가 칼 바크스, 미국 배우 시에나 밀러 등이 파버카스텔 필기구 애호가로 알려졌다.

파버카스텔은 글로벌 시장에서 가장 오래된 필기구 브랜드 중 하나다.

1761년 독일에서 설립돼 9대째 이어져 오고 있다. 캐비닛 제조업자였던 카스파르 파버가 나무 막대기 두 개 사이에 흑연 심을 넣은 최초의 연필을 선보이며 시작됐다. 이후 회사를 물려받은 그의 후손 오틸리에 폰 파버가 알렉산더 카스텔 뤼덴하우젠 백작과 결혼하며 회사 이름이 파버카스텔로 바뀌었다. 가족경영을 지속해오다 2017년 처음으로 외부 인사를 영입했다. 스와치그룹 부사장을 지낸 다니엘 로거. 그는 현재도 CEO를 맡고 있다.

파버카스텔은 다양한 제품을 만든다. 연필과 색연필, 수성펜, 만년필을 비롯한 필기구는 물론 펜 케이스, 지갑 등 가죽을 활용한 제품까지 종류도 여럿. 각 카테고리별 가짓수도 많다. 그 중 슈퍼리치가 특히 관심을 보이는 제품 라인은 '그라폰 파버카스텔Graf von Faber-Castell'이다.

슈퍼리치가 애용하는 상품답게 그라폰 파버카스텔은 가격대

樂 취향, 소유

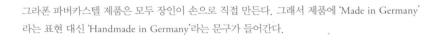

그라폰 파버카스텔 제품은 모두 장인이 손으로 직접 만든다. 그래서 제품에 'Made in Germany' 라는 표현 대신 'Handmade in Germany'라는 문구가 들어간다.

가 상상을 뛰어넘는다. 샤프너(연필깎이)와 지우개가 달린 일체형 연필인 '퍼펙트 펜슬Perfect Pencil'은 한 자루에 33만~55만 원이다. 소형 샤프너는 15만 원, 지우개는 20만 원이다. 상대적으로 저렴한 '기로쉐 펜슬Guilloche Pencil' 시리즈는 세 자루에 3만 원, 즉 한 자루에 1만 원인데 이 역시 연필 한 자루 값치고는 만만치 않다. 슈퍼리치가 선물용으로, 혹은 일상생활에서 가볍게 쓰기 위해 자주 구매한다는 '클래식 퍼남부코Classic Pernambuco' 시리즈는 샤프와 볼펜이 42만 원, 수성펜 55만 원, 만년필 80만 원이다.

창립 240주년 기념 99개 한정 생산한 '퍼펙트 펜슬'. 익스텐더와 엔드피스의 소재는 18k 화이트 골드, 캡에는 0.05~0.06캐럿의 다이아몬드 3개가 박혀 있다.

사실 여기까지는 가격이 그리 높지 않은 편이다. 매년 초 한정판으로 만들어지는 '올해의 펜Pen of the Year'은 가격을 듣고 나면 '헉' 소리가 절로 나온다. 가장 저렴한 상품이 300만 원대, 비싼 제품은 1000만 원을 훌쩍 넘는다. 예를 들어 로마제국을 테마로 만든 2018년 에디션은 450만~600만 원에, 오스트리아 비엔나 쇤

브룬 궁전을 모티브로 만든 2016년 에디션은 450만~1000만 원에 판매됐다. 이 밖에 2001년 파버카스텔 창립 240주년을 기념해 99자루만 한정 생산한 퍼펙트 펜슬은 1500만 원에 판매된 바 있다.

물론 비싼 데에는 다 이유가 있다. 그라폰 파버카스텔 제품은 만들 때 비싸거나 구하기 어려운 소재를 많이 쓴다. 가오리 가죽이나 상어 가죽, 스네이크우드, 말총, 매머드 상아 등이 대표적인 예다. 2억 년 이상 석화된 나무로 제작된 펜도 있고 백금으로 도금한 제품도 있다. 가죽 제품 역시 캐시미어, 알칸타라 가죽, 이탈리아산 송아지 가죽을 비롯한 고급 소재로 만든다.

수제라는 점도 가격이 비싼 이유다. 그라폰 파버카스텔 제품은 모두 장인이 손으로 직접 만든다. 그래서 제품에 'Made in Germany'라는 표현 대신 'Handmade in Germany'라는 문구가 들어간다.

희소성도 가격을 높이는 요소다. 흔치 않은 소재를 쓰는 데다 손으로 만드는 제품이다 보니 공급되는 수량이 많지 않다. 파버카스텔 관계자는 "대중을 타깃으로 하는 제품 라인이 아니고 만드는 데 비용과 시간이 많이 들어가 대량생산을 하기 쉽지 않

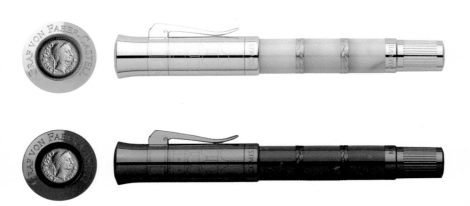

로마제국을 테마로 만든 2018년 '올해의 펜'. 배럴은 스타투아리오 대리석(블랙 에디션은 네로 마르퀴나)으로 만들어졌으며, 대리석 사이의 백금도금 링에는 월계수 화환 이미지를, 캡에는 콜로세움 이미지를 장식했다. 캡 상단은 카이사르가 새겨진 로마시대 은화를 재현한 것.

'클래식 퍼남부코' 수성펜과 볼펜, 만년필. 슈퍼리치가 선물용으로, 혹은 일상생활에서 가볍게 쓰기 위해 자주 구매하는 제품이다.

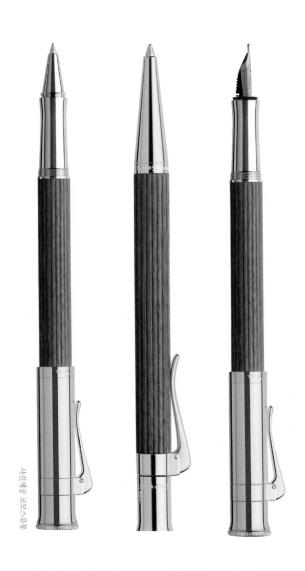

다. 특히 인기가 많은 모델은 중고시장에서 원래 판매가격보다 더 비싼 값에 팔리는 일도 부지기수"라고 설명했다.

여기에서 드는 의문 하나. 보고서, 계약서 등 대다수 문서를 컴퓨터로 만드는 시대임에도 슈퍼리치가 파버카스텔 필기구를 찾는 이유는 뭘까.

파버카스텔코리아 관계자는 "슈퍼리치 중에는 취향이 까다로운 사람이 많다. 만년필은 쓰다 보면 개인의 필기 습관, 펜 잡는 스타일 등에 맞게 펜촉이 바뀐다. 나무로 만든 제품은 들고 다니다 보면 손때가 묻으면서 색이 바뀌기도 한다. 세상에 똑같은 만년필은 없다는 말이 나오는 이유다. 자신의 스타일, 습관 등이 묻어나 유니크한 물건이 된다는 점이 까다로운 슈퍼리치의 취향을 충족시키는 것으로 판단된다. 단순히 필기구가 아니라 패션 아이템으로 활용하기도 한다"고 설명한다.

품질이 뛰어나다는 점도 인기 요인이다. 제품 하나하나 심혈을 기울여 고급 소재로 만드는 만큼 퀄리티는 당연히 최상이다. 만년필 펜촉에는 잉크가 흘러나올 수 있도록 홈이 있는데 홈을 기준으로 펜촉 양옆 5:5가 가장 이상적인 비율이라고 알려져 있다. 파버카스텔 관계자는 "그라폰 파버카스텔 제품은 5:5 비율을 정확하게 지키기로 정평이 났다. 만년필 마니아 사이에서도 인정받는다. 희소성과 퀄리티를 중시하는 슈퍼리치 입맛에 딱 맞는다. 다른 브랜드 필기구를 쓰다가 그라폰 파버카스텔로 바꾸는 사람은 많다. 반면 그라폰 파버카스텔 필기구를 쓰다가 다른 브랜드로 '갈아타는' 슈퍼리치는 거의 없다"고 전했다.

파버카스텔은 고객관리에도 심혈을 기울인다. VIP 고객이 누구보다 먼저 신제품을 만나볼 수 있도록 신제품 론칭 행사 등에 초청하는 것은 기본이다. 이 밖에도 매장 매니저가 VIP 고객을 찾아가 만나기도 하고 고객으로부터 들은 제품 관련 피드백을 반영해 제품을 개선하기도 한다. 제품 수리 의뢰를 받았을 때 국내에서 해결할 수 없는 사안이라면 독일 본사로 제품을 보내 고친다. 만약 고칠 수 없다면 새 제품을 제공한다.

적게는 수백만 원, 많게는 1000만 원을 훌쩍 넘는 그라폰 파버카스텔 제품을 사 가는 사람들은 누굴까. 필기구와 펜 케이스, 펜꽂이 등이 주력 제품이다 보니 책상에서 많은 시간을 보내는 사람들이 주요 고객이다. 직업으로 보면 의사와 변호사를 비롯한 전문직에 종사하는 사람이 대다수다. 대기업 CEO나 임원도 상당수라고. 나이로 보면 과거에는 40~50대 남성이 주를 이뤘다. 최근에는 30대 고객도 늘어나는 등 연령대가 차츰 낮아지고 있다. 여성 고객도 증가하는 추세다. 파버카스텔코리아 관계자는 "주요 고객층이 변하는 만큼 제품 특성도 조금씩 달라지고 있다. 과거에는 검은색, 갈색 등 다소 어두운 색상을 주로 사용했다. 최근에는 파란색, 주황색 등 밝고 눈에 잘 띄는 색상을 채택한 제품도 많이 선보이고 있다"고 설명했다.

보석에 담긴 서사

반클리프 아펠

보석에는 사람을 매혹하는 힘이 있다. 소득 상위 0.1%를 타깃하는 '하이 주얼리'는 더 그렇다. 수억 원에 달하는 주얼리를 턱턱 사들이는 배경엔 '과시'를 넘어서는 '감상'의 욕구가 존재한다. 프랑스 하이 주얼리 브랜드 '반클리프 아펠Van Cleef & Arpels'이 슈퍼리치의 사랑을 받는 이유도 마찬가지다. '주얼리를 예술의 경지로 끌어올렸다'는 평가를 받는 반클리프 아펠의 성공 비결 세 가지. 오랜 역사와 스토리텔링, 그리고 예술적 가치다.

반클리프 아펠은 유럽에서 가장 오래된 주얼리 브랜드 중 하나다. 보석공의 아들인 알프레드 반 클리프와 보석 딜러의 딸 에스텔 아펠이 1895년 결혼하면서 탄생했다. 두 가문의 성을 합쳐 '반클리프 아펠'이라는 이름이 붙었다.

125년 역사가 저절로 생겼을 리 없다. 반클리프 아펠은 전 세계 왕족과 셀럽에 '맞춤형 주얼리'를 제작하면서 명성과 실력을 쌓았다. 수많은 반클리프 아펠 애호가 중 우리에게 가장 익숙한 건 역시 할리우드 여배우 그레이스 켈리다. 1956년 모나코 왕 레니에 3세가 그레이스 켈리와 결혼을 기념하는 주얼리를 주문했고, 반클리프 아펠은 세 줄의 진주 목걸이를 다이아몬드 클립으로 고정한 목걸이 세트를 만들었다. 예물 제작을 인연으로 반클리프 아펠은 모나코의 '왕실 공식 보석상'으로 인정받는다. 모나코뿐 아니다. 1966년에는 이란 팔라비 왕조의 의뢰를 받아 다이아몬드, 에메랄드, 루비 등 보석 1541개로 장식된 황제 왕관을 만들기도 했다. 반클리프 아펠 주얼리는 말 그대로 '왕의 보석'인 셈이다.

오랜 역사가 주는 가치는 현재에도 계승되고 있다. 최근 판매량 기준, 반클리프 아펠 베스트셀러로 꼽히는 '알함브라 컬렉션

樂 취향. 소유

Alhambra collection'이 첫 제작된 연도는 1968년. 50년이 넘은 컬렉션이지만 지금까지 꾸준히 사랑받는 중이다. 알함브라를 상징하는 '네잎클로버' 모양 디자인과 아이덴티티는 2018년 선보인 신상품에도 고스란히 녹아 있다. '빈티지 알함브라 롱 네크리스'가 대표적이다. 옐로우 골

반클리프 아펠 베스트셀러로 꼽히는 '알함브라 컬렉션'의 하나인 '빈티지 알함브라 롱 네크리스'.

드, 블루 세브르 포슬린, 라운드 다이아몬드로 제작된 목걸이 가격은 7800만 원에 달한다.

아예 오래되고 희귀한 제품만 모아 만든 '헤리티지 컬렉션 Heritage collection'도 있다. 1920~1980년 사이 반클리프 아펠에서 제작된 제품을 찾아내고 이를 공개·판매한다. 반클리프 아펠 관계자는 "헤리티지 컬렉션을 통해 설립 초기 진귀한 작품을 비롯해 반클리프 아펠 스타일 변천사를 되짚어 볼 수 있다. 모든 제품은 프랑스 메종 아카이브에서 정품 인증을 받은 후 공개된다. 특히 빈티지 주얼리를 전문 수집하는 슈퍼리치의 사랑을 듬뿍 받을 수밖에 없다"고 설명했다.

반클리프 아펠 초기의 진귀한 작품과 스타일의 변천사를 볼 수 있는 '헤리티지 컬렉션'.
1959년에 제작된 목걸이와 이어링.

반클리프 아펠의 별칭은 '서사시'다. 제품별 배경에 흐르는 스토리가 존재하는 경우가 많기 때문이다. 반클리프 아펠이 내놓는 '여성용 시계' 컬렉션이 대표적이다. 세상에 나온 모델을 순서대로 감상하고 있자면 마치 한 편의 동화를 보는 것 같다.

'포에틱 컴플리케이션Poetic Complications' 라인은 연인 간 사랑 얘기를 담아냈다. 재밌는 점은 내놓는 모델마다 스토리가 계속 이어진다는 점이다.

가장 유명한 모델은 '레이디아펠 퐁 데 자모르Lady Arpels Pont des Amoureux'다. 양산을 쓴 여자가 시時를, 등 뒤에 장미꽃을 숨긴 남자가 분分을 가리킨다. 두 연인은 화이트 골드로 형상화한 파리 명소 '퐁데자르 다리' 좌우 양 끝에서 출발해 천천히 서로에 다가간다. 그리고 하루에 단 두 번, 오전·오후 12시 정각에 다리 가운데서 만나 1분 동안 짧은 입맞춤을 갖는다. 연인의 아련한 스토리를 시계 위에 구현하기 위해 반클리프 아펠은 시침과 분침이 라운드를 따라 회전하는 기존 방식과는 전혀 다른 시계를 창조해냈다. 여자는 1시간마다 12분의 1만큼, 남자는 시간이 1분 흐를 때마다 60분의 1만큼 좌우로 움직이는 새로운 방식의 무브먼트다. 에나멜 기법으로 채색한 라운드 배경은 몽환적인 분위기마저 자아낸다. 가격은 2억3000만 원에 달한다.

지름 44mm 다이얼 안에 태양과 그 주위를 회전하는 여섯 개 행성을 담은 '미드나잇 플라네타리움'. 서펜타인, 클로로멜라나이트, 터콰이즈, 레드 제스퍼, 블루 아게이트, 서길라이트로 만든 수성, 금성, 지구, 화성, 목성, 토성이 실제 공전주기와 동일한 속도로 회전한다.

반클리프 아펠의 새로운 스트라이크 존재한다. '포에틱 컴플리케이션' 라인은 연인 간 사랑 얘기를 담아냈다. 양쪽에서 다가온 남녀가 하루에 단 두 번 만나는 '베이더아펠 홍 데 지모르'와 헤어진 연인이 서로를 그리워하는 내용을 담은 '베이더아펠 포에틱 위시'.

사진제공 반클리프아펠

후속작도 있다. 스토리가 연결된다. '레이디아펠 포에틱 위시 Lady Arpels Poetic Wish'는 결국 헤어질 수밖에 없었던 연인이 각자 장소에서 서로를 그리워하는 내용을 담았다. 포에틱 위시는 두 종류의 모델로 선보였다. 하나는 여자가 한낮에 에펠탑 위에서 노트르담 대성당을 바라보는 형태, 다른 하나는 남자가 저녁 무렵 노트르담 대성당 테라스에서 에펠탑 쪽을 올려보는 모습을 각각 다이얼 위에 표현했다.

'미드나잇 플라네타리움Midnight Planétarium'이 갖는 스토리의 스케일은 그야말로 '우주적'이다. 지름 44mm 다이얼 안에 태양과 태양 주위를 회전하는 여섯 개 행성을 담아냈다. 수성(서펜타인), 금성(클로로멜라나이트), 지구(터콰이즈), 화성(레드 제스퍼), 목성(블루 아게이트), 토성(서길라이트) 등 진귀한 보석으로 만든 행성은 실제 공전주기와 동일한 속도로 회전한다. 그러니까 터콰이즈가 시계 중심을 한 바퀴 도는 모습을 보기 위해서는 1년, 서길라이트는 29.4년이 걸리는 셈이다. 가격대도 스케일이 남다르다. 판매가는 2억5000만 원에 육박한다.

간호섭 홍익대 섬유미술패션디자인과 교수는 "반클리프 아펠은 상상력과 기술력을 더해 드라마를 만들어낸다. 감동과 영감을 줄 수 있는 스토리 없이는 가치 소비를 원하는 슈퍼리치의

'라크 드 노아' 주얼리 컬렉션. 반클리프 아펠 회장인 니콜라 보스가 네덜란드 화가 얀 브뤼겔의 회화 〈노아의 방주로 들어가는 동물들〉에서 영감을 받아 제작했다.

선택을 받기 쉽지 않다. 모델마다 내용이 이어지기 때문에 컬렉터의 수집욕을 자극하기도 한다"고 분석했다.

2018년 4월 서울 동대문디자인플라자DDP에서는 이색 전시회 하나가 열렸다. 블루 라이트로 환상적인 분위기를 자아내는 방 안에는 작은 나무 배 하나가 위치했다. 방 내부에 위치한 벽에는 구멍이 뚫려 있다. 공간마다 여우, 펭귄, 코끼리 등 동물을 형상화한 화려한 주얼리 클립 60여 쌍이 들어차 있다.

반클리프 아펠이 '라크 드 노아'L'Arche de Noé'라는 이름의 주얼리 컬렉션을 소개했던 전시회다. 2016년 파리, 2017년 홍콩과 뉴욕에 이어 전 세계 네 번째로 서울에서 열렸다. '라크 드 노아'를 우리말로 바꾸면 '노아의 방주'. 반클리프 아펠 회장인 니콜라 보스가 네덜란드 화가 얀 브뤼겔의 회화 〈노아의 방주로 들어가는 동물들〉에서 영감을 받아 제작했다. 미국 출신 극장·시각 예술가 로버트 윌슨이 시노그래피scenography(배경화)를 맡아 완성됐다.

반클리프 아펠이 주얼리 제품을 알리는 방식은 이렇게 늘 예술에 가깝다. 대중 광고 마케팅에도 항상 예술을 결합해야 한다는 게 반클리프 아펠의 고집이다. 반클리프 아펠은 유명 화가인

樂 취향, 소유

모딜리아니와 보티첼리, 로댕의 작품 위로 반클리프 아펠 주얼리를 연출한 광고를 수차례 선보였다. 안나 노콘, 리사 칸트 등 세계적 패션모델을 내세워 예술에 가까운 화보를 공개한 적도 있다. 반클리프 아펠 관계자는 "수많은 장인과 아티스트가 수년간 협업해야 하나의 라인이 탄생한다. 단순히 제품이 아니라 작품으로 여기기 때문에 자신 있게 전시회를 연다. 브랜드 가치가 오랜 기간 지속되는 이유"라고 설명했다.

영리치를 사로잡은 아트토이

베어브릭 · 더니 · 아이언맨

지디, 탑, 이승환, 허지웅, 김신영… 이들의 공통점은?

소문난 연예계 대표 '키덜트'라는 점이다. 각종 방송과 SNS를 통해 피규어에 대한 사랑을 공공연하게 밝혀왔다.

이들이 모아놓은 피규어를 보고 있자면 입이 떡 벌어진다. 싸게는 1만 원도 안 되는 미니어처에서부터 비싸게는 수천만 원에 이르는 피규어들로 방 한쪽을 빼곡하게 채워 넣었다. '모두 더하면 대체 얼마일까'라는 의문이 절로 든다.

피규어 '덕후'들은 "피규어는 단순한 장난감이 아니다"라고 잘

라 말한다. 맞는 말이다. 다른 걸 떠나 가격이 장난감의 수준을 훌쩍 넘어섰다. 흔히 '레어템'이라고 불리는 희귀 피규어는 부르는 게 값이다. 최근 서울옥션 경매로 거래된 아트토이(피규어의 일종) 낙찰가는 5억 원에 달한다. 자타 공인 피규어 마니아로 알려진 A회사 대표는 약 15억 원을 들여 인천 영종도 휴게소 광장에 '포춘베어'를 제작하기도 했다. 기네스북에서 공인한 세계에서 가장 큰 철제 아트토이(약 25m)이기도 하다. 아파트 한 채 값을 '턱턱' 지르게 만드는 피규어의 매력은 뭘까.

피규어를 떠올리면 흔히 생각나는 건 만화나 영화 캐릭터다. 하지만 정작 수천만 원 이상 고가에 거래되는 피규어는 따로 있다. 이른바 '아트토이'라고 불리는 피규어다. 국내 최대 규모 피규어 매장 '익스몬스터'를 운영하는 이종철 실장은 아트토이를 두고 "영화나 만화 캐릭터 디자인을 기반으로 제작하는 일반 피규어와 달리 작가가 자기 개성을 뚜렷하게 표현할 수 있는, 그야말로 작품"이라고 설명한다.

아트토이 중 가장 잘 알려진 건 '베어브릭Be@rbrick'이다. 곰 머리에 불룩 튀어나온 배가 '트레이드 마크'이다. 아무 작업도 안 된 흰색의 베어브릭을 도화지 삼아 유명 아티스트들이 독특한

곰 머리에 불쑥 튀어나온 배가 트레이드 마크인 '베어브릭'. 이무 작업도 안 된 흰색의 베어브릭을 도화지 삼아 유명 아티스트들이 독특한 디자인을 입혀 제작한다.

디자인을 입혀 제작하는 것으로 유명하다. 베어브릭류의 아트 토이는 '정해진 틀 내에서 표현이 자유롭다'는 점에서 '플랫폼 토이'라고 불리기도 한다. 빅뱅 멤버 지드래곤과 탑이 베어브릭 마니아로 알려져 있다. 1000만 원에 달하는 베어브릭을 옆구리에 끼고 공항을 드나드는 탑이 포착된 사진은 SNS상에서 화제를 모으기도 했다. 지드래곤은 1.5m 크기의 베어브릭 1000% 사이즈 작품 다수가 줄지어 서 있는 연습실 사진을 트위터에 공개하기도 했다.

셀럽의 힘일까. 아트토이에 대한 관심이 높아지다 보니 국내 경매시장에도 불이 붙었다. 서울옥션은 2016년부터 아트토이를 비롯한 피규어 경매를 진행하기 시작했다.

작품 면면을 들여다보면 그야말로 '억' 소리가 난다. 역대 최고가에 낙찰된 작품은 페로탱 갤러리 소속으로 전 세계적 유명세를 떨치고 있는 팝아티스트 카우스Kaws의 'Final Days'란 아트토이다. 2017년 12월 진행된 경매에서 무려 4억8000만 원 낙찰가를 기록했다. 역대 기록 2위, 3위도 카우스 차지다. 인체 해부도를 연상시키는 아트토이 'Four Foot Dissected Companion', 카우스와 일본 유명 가구제작 회사 '카리모쿠'가 협업해 만든 '컴

패니언Companion'이 각각 3000만 원, 2800만 원이라는 가격에 팔렸다. 서울옥션 관계자는 "카우스 등 유명 작가 작품을 소장하려는 열기가 뜨겁다. 컬렉터들이 경쟁적으로 경매에 참여하다 보니 낙찰가가 크게 오르는 경향도 보인다"고 설명했다.

카우스 외에도 컬렉터 사이에서 인기 있는 아트토이 작가는 여럿 있다. 크리스 릭스가 대표적이다. 이베이에서 50만 달러(약 5억 원)에 거래된 '더니Dunny' 작품으로 유명세를 탔다. 아트토이 창시자로 불리는 홍콩 출신 아티스트 마이클 라우의 '가드너Gardner' 시리즈, 뼈와 장기가 드러나 보이는 아트토이로 유명한 제이슨 프리니 작품도 소장 수요가 높은 것으로 알려져 있다.

국내에도 베어브릭 공식 수입사가 있다. 박상배 커피빈코리아 대표가 2007년 문을 연 '킨키로봇'이다. 킨키로봇 매장에서도 초고가 제품을 만나볼 수 있다. 가장 비싼 작품은 '카리모쿠 베어브릭 호라이즌 1000%'다. 판매가는 890만 원. 킨키로봇 관계자는 "카리모쿠 베어브릭은 100% 선주문 제품이다. 주문이 들어가면 일본 장인이 하나씩 제작해 순서대로 배송한다. 제작기간이 최대 9개월까지 소요되지만 마니아들은 높은 가격과 긴 대기시간에도 불구하고 기꺼이 상품을 주문한다"고 설명

樂 취향, 소유

컬렉터 사이에서 인기 있는 아트토이 작가 중 하나인
크리스 릭스는 이베이에서 50만 달러에 거래된 '더니'
작품으로 유명하다.

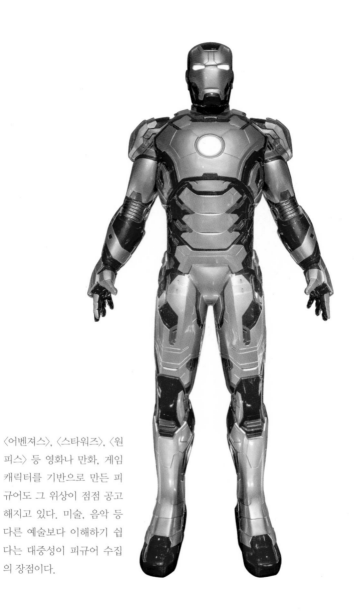

〈어벤져스〉, 〈스타워즈〉, 〈원
피스〉 등 영화나 만화, 게임
캐릭터를 기반으로 만든 피
규어도 그 위상이 점점 공고
해지고 있다. 미술, 음악 등
다른 예술보다 이해하기 쉽
다는 대중성이 피규어 수집
의 장점이다.

했다.

아트토이 열풍은 점차 대중화되는 분위기다. 아트벤처스는 아트토이 전시회 '아트토이 컬처'를 2014년부터 매해 개최하고 있다. 국내외 유명 아티스트는 물론 개성 넘치는 한국 아트토이 작가들을 소개 중이다. 문효은 아트벤처스 대표는 "부유층이 누리는 예술문화가 낙수효과를 일으키면서 시장이 점점 커지고 있다. 기업 의사결정권자들이 아트토이에 관심이 많아지다 보니 아트토이 작가와 협업으로 진행하는 기업 마케팅이 자연스럽게 활기를 띠고 있다"며 업계 분위기를 전했다.

피규어에 아트토이만 있는 건 아니다. 〈스타워즈〉, 〈어벤져스〉, 〈원피스〉 등 영화나 만화, 게임 캐릭터를 기반으로 만든 피규어도 그 위상이 점점 공고해지고 있다. 가격도 결코 만만치 않다. 2018년 1월 25일 기준 옥션에서 판매 중인 피규어 카테고리 상품 중 최고가는 903만 원(〈베르세르크〉 조드 한정판 50 피규어)에 달한다. 사이드쇼 〈스타워즈〉 피규어(428만8800원), 마이클 잭슨 피규어(329만1490원), 〈엑스맨〉 비스트 피규어(303만800원) 등 수백만 원대 피규어가 즐비하다.

최우석 이베이코리아 유아동팀장은 "피규어 카테고리 제품은

40%에 달하는 가파른 성장률을 보이고 있다. 특히 〈원피스〉, 〈베르세르크〉 같은 일본 유명 원작만화와 〈어벤져스〉를 비롯한 마블 시리즈 피규어가 꾸준히 인기를 얻고 있다. 희귀한 피규어를 통해 자신의 개성을 다른 사람에게 보여주려고 하는 욕구가 점점 커지고 있다"고 분석했다.

비싼 피규어의 기준은 뭘까. 단연 희소성이다. 고가 제품은 보통 수작업을 통해 만든다. 공장에서 만들더라도 한 달 정도 생산하고 중단하는 경우가 대부분이다. 자연히 물량이 많지 않다. 발매 당시에는 인기가 없지만 시간이 지나 희소가치가 높아지는 경우도 있다. 인기가 없어 조기에 생산을 중단할 경우 희귀템이 되는 일이 종종 발생한다. 익명을 요구한 한 피규어 수집가 B중소기업 대표는 "피규어를 수집하다 보면 다른 캐릭터는 다 갖고 있는데 특정 캐릭터만 없는 일이 생긴다. 웃돈을 얹어서라도 구입해 완성된 컬렉션으로 보유하고 싶은 욕심이 든다"고 설명했다.

슈퍼리치들이 피규어를 사 모으는 이유는 다양하다. 재테크도 그중 하나다. B중소기업 대표는 "기계와 달리 오랜 시간이 지나도 가치가 떨어지지 않는다. 애정하는 컬렉션은 현재 팔 생

樂 취향, 소유

각이 없지만 향후 누군가 높은 가격을 부른다면 거부하기 어려울 것"이라고 귀띔했다.

미술, 음악 등 다른 예술보다 이해하기 쉽다는 대중성도 피규어 수집의 장점으로 꼽힌다. 골치 아프게 머리 썩이며 공부할 필요가 없고 상대방의 호감을 사거나 공감대를 형성하는 데에도 수월하다는 평가다.

"고가 미술작품보다는 가격이 저렴한 데다 작품 이해에 있어서도 진입장벽이 낮은 편이다. 일단 귀엽고 호기심을 끌지 않나. 최근 유행하는 SNS와도 딱 맞는 아이템이다. 피규어를 옆에 두고 사진을 찍으면 예쁘게 나온다. 셀럽들이 자주 노출하는 이유도 여기 있을 것으로 본다."

문효은 아트벤처스 대표의 설명이다.

엘비스 프레슬리를 거절한 차

롤스로이스

래퍼 도끼, 가수 김준수, 배우 장근석… 이들의 공통점은?

모두 롤스로이스 오너라는 점이다.

롤스로이스Rolls-Royce는 벤틀리, 마이바흐와 함께 3대 명차로 꼽힌다. 과거 롤스로이스는 '아무나 탈 수 없는 차'라는 이미지가 강했다. 일단 비싸다. 현재 판매되는 모델 중 가장 비싼 '팬텀Phantom'은 기본 옵션 기준 가격이 6억3000만 원이다. 아무리 슈퍼리치라도 선뜻 구매하기는 어려운 가격일 터. 아무에게나 차를 팔지도 않았다. '로큰롤 황제' 엘비스 프레슬리와 나중에

미국 대통령이 된 아이젠하워가 4성 장군 시절 구매하려 했으나 자격이 되지 않는다는 이유로 거절당한 일화는 지금도 회자된다.

그러나 2009년 '고스트Ghost'라는 모델이 나오면서 상황이 달라지기 시작했다. 롤스로이스 측은 배타적인 이미지를 버리고 '성공한 사람이라면 누구나 살 수 있는 차'라는 새로운 콘셉트를 내세웠다. 가격도 4억2000만 원으로 '팬텀'에 비해 상대적으로 저렴(?)했다. 2012년 나온 '레이스Wraith'와 2016년 등장한 '던Dawn' 역시 각각 4억1000만 원, 4억4900만 원이다.

진입장벽이 낮아지자 관심을 갖는 슈퍼리치가 급증했다. 이를 가장 여실히 보여주는 지표는 판매량. 2010년 국내 판매량은 18대에 불과했지만 2016년에는 53대, 2017년 86대, 2018년 123대로 늘었다. 구매자도 젊어졌다. 2010년대 초반까지만 해도 평균 고객 연령대가 50대 후반이었지만 최근에는 40대 중반으로 낮아졌다. 여성 고객도 늘어나는 추세다.

새롭게 롤스로이스 주요 고객으로 떠오른다는 40대 여성의 롤스로이스 구매 과정을 따라가 본다.

아무래도 차를 새로 사야겠다. 5년 넘게 애지중지한 마세라티 그란카브리오가 요즘 시원찮다. 큰 사고가 나기 전에 새 차를 들이는 것이 좋을 것 같다. '이번에는 어떤 브랜드의 차를 살까' 고민하던 순간, 며칠 전 받은 롤스로이스 브랜드 스튜디오 초대장이 생각났다. 사실 얼마 전까지만 해도 롤스로이스는 '운전기사가 운전하는 차' 혹은 '대기업 회장님이 타는 차'라고 생각해 별로 관심을 기울이지 않았다. 어쩐지 '올드한' 느낌이 강했다고 할까. 그런데 지인으로부터 최근에는 차체가 작은 모델도 나오고 컨버터블과 SUV도 출시돼 직접 운전하는 사람도 많고 40대 사이에서도 인기라는 얘기를 듣고 마음이 바뀌었다. 일단 구경부터 해봐야겠다는 생각이 들어 스튜디오 방문 예약을 했다.

예약 당일, 영종도에 위치한 BMW 드라이빙센터 내 롤스로이스 브랜드 스튜디오로 갔다. 발을 들이자마자 벽에 걸린 가죽 샘플과 여러 가지 색의 플라스틱 자동차 모형, 실 등이 눈에 띈다. '이게 다 뭘까'라는 생각이 드는 순간, 스튜디오 매니저가 인사를 건넨다. 벽을 가리키며 용도가 무엇인지 물어보자 자동차를 만드는 데 쓰이는 소재와 색상 샘플이란다. 자세한 설명은

樂 취향. 소유

차차 할 테니 일단 앉으라는 말에 소파에 자리를 잡았다. 커피를 한 잔 가져다주고 먼저 브랜드 소개 영상을 보여주겠다며 소파 앞에 놓인 뱅앤올룹슨 TV 전원을 켠다. 1년에 약 6000대가량을 수제 생산하고 영국 왕실에 의전 차량을 제공한다는 등의 설명을 들으니 롤스로이스가 대단하기는 하다는 생각이 새삼 든다.

영상을 보고 나서는 컴퓨터 프로그램을 이용해 차를 직접 디자인해봤다. 오픈카 '덕후'답게 컨버터블 '던'을 고르고 색깔과 소재 등을 선택했다. 롤스로이스는 '비스포크bespoke(맞춤형 주문제작)의 끝판왕'으로 불린다. 차량 외관은 물론 시트, 핸들, 헤드라이너(천장), 카펫 등의 색을 원하는 대로 선택할 수 있다. 가능한 색상 조합만 4만4000개가 넘는다. 컴퓨터 모니터로만 색을 보면 해상도에 따라 실제와 다르게 보일 수 있어 스튜디오에 있는 샘플을 가져다 보면서 색을 정한다. 아까 스튜디오에 들어오자마자 보였던 소재와 색상 샘플을 이때 쓰는 것이다.

마음에 드는 색이 없다면 만들 수도 있다. 실제 한 고객은 자신이 좋아하는 샤넬 립스틱과 같은 색으로 차를 만들기도 했단

과거 롤스로이스는 '아무나 탈 수 없는 차'라는 이미지가 강했다. 엘비스 프레슬리와 아이젠하워가 구매를 거절당한 일화는 유명하다. 사진은 8세대 뉴 팬텀.

다. 마카오에서 카지노를 운영하는 기업가 스티브 형도 빨간색을 자신의 취향에 맞게 바꿔 '스티브 레드'라는 색을 만들었다. 이 밖에 페인트에 금을 섞은 구매자도 있고 다이아몬드를 섞은 고객도 있다.

색상만 커스터마이징(개인 맞춤제작)할 수 있는 것이 아니다. 의자 헤드레스트에 원하는 글자나 그림을 새겨 넣을 수도 있고 자동차 보닛 위 엠블럼을 순금으로 만드는 것도 된다. 헤드라이너를 별이 뜬 밤하늘처럼 꾸미거나 자신의 정원에 있는 나무를 잘라 자동차 내부 원목으로 쓰는 것도 가능하다. 물론 옵션을 추가할 때마다 자동차를 만드는 데 걸리는 시간도 늘어난다. 통상 주문부터 인도까지 6개월 정도가 걸리지만 최대 2년까지 걸린 사례도 있다.

가격도 천정부지로 치솟는다. 옵션별 가격은 비공개지만 전 모델 문에 내장된 우산이 100만 원을 훌쩍 넘는 것으로 알려졌다. 롤스로이스 가격에 하한선은 있어도 상한선은 없을 것이라고 유추할 수 있다. 아예 자동차 프레임까지 고객이 원하는 대로 만든 '스웹테일Sweptail'이라는 차도 있다. 가격은 공개되지 않

최근 롤스로이스는 배타적인 이미지를 버리고 '성공한 사람이라면 누구나 살 수 있는 차'라는 새로운 콘셉트를 내세웠다. 2016년에 내놓은 컨버터블 모델 '던(Dawn)'.

앗지만 추정가가 무려 145억 원이다. 이 같은 일화를 듣고 있다 보니 "세상에 똑같은 롤스로이스는 단 한 대도 없다"는 매니저 설명이 이해가 된다. '한계는 오직 고객의 상상력뿐'이라는 롤스로이스 슬로건에도 고개가 끄덕여진다.

한참 차를 디자인하다 보니 슬슬 배가 고프다. 매니저도 눈치를 챘는지 식사를 하자고 얘기한다. 2층으로 올라가니 워커힐에서 운영하는 음식점이 보인다. 프라이빗 룸에 들어가 잠시 기다리니 사전에 요청한 대로 푸아그라, 이베리코 스테이크 등으로 구성된 코스 요리가 나온다. 식사를 하다 문득 궁금해졌다. '롤스로이스 스튜디오에는 주로 어떤 사람들이 방문할까?' 매니저에게 물어보니 역시나 "직업으로 보면 대기업 임원이나 CEO, 전문직이 많다"는 답이 돌아온다. 아시아에 있는 유일한 브랜드 스튜디오다 보니 홍콩이나 싱가포르 등 다른 아시아 국가의 슈퍼리치도 가끔씩 방문한다고. 해외 고객을 초청하면 서울을 둘러보는 여행 프로그램도 제공한다. 보통 고궁이나 랜드마크를 구경하고 미쉐린 3스타 음식점에서 식사를 하거나 쇼핑을 즐기는 식으로 구성된다. 통역사와 의전 인력도 당연히 동행한다.

식사를 마치고 다시 1층 스튜디오로 돌아와 차를 마시며 디자인을 마저 하려는데 선택지가 워낙 많아 쉽사리 마음을 못 정하겠다. 직접 운전을 해보면 도움이 될 것 같다고 매니저에게 얘기하자 흔쾌히 시승을 하러 가자고 말한다.

스튜디오 밖으로 나가 롤스로이스 던이 주차된 곳으로 갔다. 실제로 보니 차가 크기는 크다. 문을 열자 무게가 2.5t이나 되는 차답게 묵직한 느낌이 물씬 든다. 운전석에 앉아 시트와 사이드미러, 룸미러를 조정했다. 마지막으로 안전벨트를 매고 시동을 걸기 위해 핸들 아래에 있는 기어 레버를 주행 모드인 'D'로 놓고 당겼다. 그런데 어라, '부르릉' 소리를 내면서 시동이 걸려야 하는데 차가 조용하다. 고장이 난 걸까. 조수석에 앉은 매니저에게 물어보자 "시동이 제대로 걸렸다"는 답이 돌아온다. 차가 너무 조용해 시동이 걸린 줄도 몰랐다. 소프트톱 컨버터블이 이렇게나 조용할 수 있다니. 감탄을 금치 못하며 액셀러레이터를 밟았다. 차가 부드럽게 앞으로 나간다. 과속방지턱을 지나갈 때에도 흔들림이 거의 없다. 매니저 설명대로 마치 마법 양탄자를 타고 나는 듯한 느낌이다. 버튼 하나를 누르자 지붕이 열린다. 톱(지붕)을 열고 영종도 해안도로를 달리니 영화 주인공이 된 것 같다. 시승을 하기 전까지만 해도 차를 살지 말지 고민이 됐는데 꼭 사야겠다는 생각이 확 든다.

시승 후 다시 스튜디오로 돌아와 자동차 디자인을 끝마쳤다. 역시 직접 운전을 해보니 결정이 한결 쉽다. 견적서를 받을 수 있게 이메일 주소를 알려주고 스튜디오를 나섰다. 롤스로이스를 타고 전국 곳곳을 돌아다닐 생각을 하니 벌써부터 설렌다.

술의 예술

맥캘란

1억5500만 원. 2019년 4월 서울 신사동 서울옥션 경매센터에서 열린 '맥캘란 72년 제네시스 디캔터 한정판' 경매의 최종 낙찰 가격이다. 이날 경매에 참석한 100여 명 사이 치열한 접전 끝에 강남의 한 유명 위스키바 대표가 품에 안았다. 700ml 용량 위스키 한 병에 1억5500만 원. 단순 계산해보면 1ml, 일회용 인공눈물만 한 용량에 매겨진 가격이 20만 원을 훌쩍 넘는 셈이다. 입이 떡 벌어지는 액수지만 해외로 눈을 돌리면 제네시스 디캔터는 오히려 저렴해 보인다. 주류 경매 사상 최고가 낙찰 기록(약 17억 원)을 보유한 것도 다름 아닌 맥캘란이다.

전 세계 슈퍼리치의 시선이 '싱글몰트 위스키'*로 쏠리고 있는 모양새다. 수많은 브랜드 중에서도 스코틀랜드 위스키 '맥캘란Macallan'의 존재감은 단연 압도적이다. 역대 가장 비싼 술 1위부터 5위까지 맥캘란 위스키가 독식하고 있을 정도. 유독 맥캘란이 명성을 떨치는 이유는 무엇일까.

위스키의 고향이라 불리는 스코틀랜드에는 100여 개 위스키 브랜드가 있다. 맥캘란은 그중에서도 오랜 역사와 전통을 자랑한다. 1824년, 모든 위스키 브랜드 중 두 번째로 합법 증류면허를 받고 영업을 시작해 200년 가까이 위스키 외길만을 걷고 있다. 위스키 숙성에 반드시 필요한 스페인산 셰리 오크통도 독점하는 수준이다. 연간 거래되는 전 세계 셰리 오크통 85%를 맥캘란이 사들인다.

이 정도로는 술 한 병에 수억 원을 호가하는 이유를 설명하기 어렵다. 높은 가격이 책정되는 배경에는 어마무시한 '희소성'이 자리한다.

---

*   100% 보리(맥아)만을 증류한 위스키를 '몰트 위스키'로, 그중에서도 한 증류소에서만 나온 몰트 위스키를 '싱글몰트 위스키'라고 부른다. 스코틀랜드 지역에서 증류한 싱글몰트 위스키인 '스카치 위스키'가 가장 유명하다.

국내 최고가 위스키 '맥캘란 72년 제네시스 디캔터'는 2018년 5월 스코틀랜드 스페이사이드에 증설한 증류소를 기념하기 위해 전 세계 600병만 한정 제작된 위스키다. 한국에는 단 두 병만 들어왔다. 한 병은 경매를 통해 팔렸고 다른 한 병은 잠실에 위치한 시그니엘서울의 '바81'에 2019년 4월 입고됐다. 판매가는 아직 미정이다.

'귀하신 몸'인 만큼 위스키 원액을 감싸는 패키지도 초호화다. 각 분야 거장이 총동원됐다. 크리스털 디캔터는 맥캘란 증류소를 디자인한 세계적인 건축 디자인 그룹 '로저스 스터크 하버 파트너스'가 직접 디자인했다. 이 디자인을 바탕으로 프랑스 크리스털 공예 명가 '라리끄'가 수제작했다. 목각 케이스도 남다르다. 목재는 아프리카 희귀종 '부빙가' 나무를 사용했다. 법적으로 벌목이 금지된 보호수인 탓에 낙뢰 맞은 나무만을 모았다. 제작은 영국 왕실 전문 캐비닛 장인에게 따로 의뢰했다.

세계 최고가 위스키로 유명한 '맥캘란 마이클 딜런 1926'은 그야말로 '문화재급' 희소성을 지녔다고 해도 과언이 아니다. 2018년 12월 열린 영국 크리스티 경매에서 152만9000달러, 약 17억 원에 낙찰된 '괴물'이다. 애시당초 제품화된 수량 자체가

전 세계 600병만 한정 제작된 위스키 '맥캘란 72년 제네시스 디캔터'. 한국에는 단 두 병만 들어왔다. 크리스틸 디캔터는 스페이사이드 증류소를 디자인한 건축 디자인 그룹 '로저스 스터크 하버 파트너스'가 직접 디자인했고, 목각 케이스는 아프리카 희귀종 부빙가 나무를 사용했다.

적었다. 해당 위스키를 비롯한 '맥캘란 1926 시리즈'는 전 세계에 40병밖에 없다. 60년 넘게 위스키를 한 오크통에 숙성하는 과정에서 위스키가 다 증발해버렸기 때문이다. 보통 한 개 오크통(약 500ℓ)에 위스키를 숙성하면 대략 700병 정도가 나오는 것과 대비된다.

1926 시리즈가 더 특별한 이유는 또 있다. 맥캘란이 1년에 위스키를 숙성하는 오크통은 66만 개다. 맥캘란 위스키 마스터 단 한 명이 66만 개 오크통을 하나하나 시향·시음을 한다. 그 과정을 거쳐 가장 높은 점수를 받은 최상의 오크통을 1년에 한 개씩 뽑는다. 해당 오크통은 보통 12~25년 지나면 오픈하는 다른 오크통과 달리 특별관리에 들어간다. 맥캘란이 이 선별작업을 시작한 것이 바로 1926년이었다. '1926 시리즈'는 '최초의 1등 오크통'에서 무려 60년 동안 숙성한 술인 셈이다.

화룡점정으로 위스키 라벨에 아일랜드 출신 유명 화가 '마이클 딜런'이 직접 그림을 그려 넣었다. 스카치 위스키의 상징인 맥캘란 증류소 '이스터엘키스하우스Easter Elchies House'를 개성 있게 표현해 '맥캘란 덕후'의 소유욕을 자극했다는 평가가 나온다. 그야말로 세상에서 단 한 병뿐인 위스키인 셈이다.

'맥캘란 피터 블레이크 1926 & 발레리오 아다미 1926' 세트. '1926 시리즈'는
1926년에 선정한 최고의 오크통에서 무려 60년 동안 숙성시킨 술이다.

'맥캘런 마이클 딜원 1926'. 위스키 라벨에 아일랜드 출신 유명 화가 마이클 딜원이 스카치 위스키의 상징인 '이스터엘키스하우스' 그림을 그려 넣었다.

'마이클 딜런 1926'이 팔리기 전까지 기존 세계 최고가 위스키도 '맥캘란 1926 시리즈'였다. '맥캘란 피터 블레이크 1926 & 발레리오 아다미 1926' 세트가 그 주인공이다. 비틀스의 앨범 커버 기획으로 유명한 피터 블레이크, 그리고 21세기를 대표하는 팝 아티스트 발레리오 아다미와의 협업을 통한 작품을 맥캘란 라벨에 담은 한정판이다. 제품이 처음 판매된 것은 23년 전인 1996년. 위스키 두 병을 보유하고 있던 한 위스키숍이 2018년 4월 두 병을 세트로 개인 컬렉터에게 약 13억 원에 되팔았다. 한 병당 약 6억5000만 원에 팔린 셈이다. 판매 당시 병당 약 3000만 원에 팔렸던 것과 비교하면 대략 20배도 넘게 가격이 올랐다.

맥캘란 국내 수입사인 에드링턴코리아 관계자는 "싱글몰트에 대한 노하우와 자부심, 역사를 그대로 담아 극소수량으로 선보이는 한정판 제품들이 싱글몰트 마니아 사이에서 그 가치를 인정받으며 높은 가격에 거래되고 있다. 유명 예술가와 협업을 통해 탄생한 제품이 특히 좋은 반응을 얻는다. 오픈 후에도 맛과 향이 변하지 않는다는 점에서 자산투자 개념으로 접근하는 슈퍼리치도 많다"고 자랑했다.

슈퍼리치의 놀이터, 미술 경매의 세계

크리스티

　미술 경매 시장은 예부터 슈퍼리치의 놀이터였다. 이들이 사고파는 미술품 가격대를 보면 그야말로 '억' 소리가 난다. 저렴한 작품이 수십억 원대고 앤디 워홀과 같이 좀 유명하다 싶은 화가 작품은 수백억 원을 훌쩍 넘는다. 2017년 11월 러시아 억만장자이자 미술작품 수집가 드미트리 리볼로프레프가 경매로 내놓은 레오나르도 다 빈치의 예수 초상화 〈살바토르 문디〉는 4억5030만 달러(약 4840억 원)에 낙찰됐다. 미술품 경매 사상 최고 낙찰 금액이다.

세계 미술 경매 시장에서 가장 주목받는 업체는 '크리스티 CHRISTIE'S'다. 글로벌 시장 1위 기업으로 배우 레오나르도 디카 프리오 등을 단골손님으로 보유하고 있다. 2018년 경매 성사 금액이 무려 53억 파운드나 된다.

크리스티는 매년 대형 경매를 네 번씩 개최한다. 미국 뉴욕에서 서양 전후Post-War 미술 경매를, 홍콩에서 아시아 현대미술 경매를 매년 5월과 11월 두 번씩 연다. 경매가 진행되는 절차는 다음과 같다.

우선 전 세계 컬렉터들을 통해 경매에 내놓을 작품을 모은다. 경매에 등장하는 그림의 퀄리티에 따라 경매 성패가 좌우되는 만큼 좋은 그림을 보유한 컬렉터들을 많이 알아놓는 것이 중요하다. 따라서 크리스티 소속 직원들은 컬렉터들과 좋은 관계를 유지하기 위해 평소에도 이들을 꾸준히 '관리'한다. 컬렉터 취향에 맞는 작품을 추천해주기도 하고 미술 시장 트렌드에 맞게 어떤 작품을 내놓고 어떤 작품을 사들이는 것이 좋을지 컨설팅을 해주는 식이다.

컬렉터들로부터 경매에 내놓을 그림들을 모은 후 크리스티 소속 스페셜리스트들은 화가의 인지도, 그림의 희소성, 보존상

세계 미술 경매 시장에서 가장 주목받는 업체는 크리스티다. 글로벌 시장 1위 기업으로 배우 레오나르도 디카프리오 등을 단골손님으로 보유하고 있다. 사진은 홍콩에서 자오우키의 작품으로 진행된 경매 현장 모습.

태 등을 감안해 추정가를 계산한다. 컬렉터는 추정가를 검토한 뒤 그림을 경매에 내놓을지 다시 거둬들일지 최종 결정한다.

경매가 시작되기 직전 3일가량 사전전시회(프리뷰)가 열린 뒤 경매가 개최된다. 경매 현장에는 누구나 입장할 수 있다. 다만 응찰을 하려면 사전에 등록을 해야 한다. 등록할 때에는 신원확인 절차를 거치고 원하는 작품을 구매할 만한 재력이 있다는 것을 증명해야 한다. 은행잔고 증명 등을 통해 구매를 원하는 작품의 최저 추정가에 상응하는 금액을 보유하고 있다는 사실을 보여주면 된다. 참석은 누구나 할 수 있어도 참가는 아무나 못한다는 뜻이다.

꼭 현장을 찾지 않아도 전화나 서면, 혹은 인터넷으로 응찰할 수도 있다. 몇몇 슈퍼리치는 신분을 숨기기 위해 일부러 현장을 방문하지 않고 전화 등으로 경매에 참가하기도 한다.

경매가 시작되면 경매인은 최저 가격부터 응찰자를 찾는다. 처음에는 경매장 이곳저곳에 배팅하는 사람들이 있지만 막바지에는 2~3명으로 좁혀진다. 서로 경쟁을 하듯 응찰가를 높여가기 때문에 판은 빠른 속도로 커진다. 예를 들어 〈살바토르 문디〉가 4억5030만 달러에 낙찰되기까지 걸린 시간은 약 20분에 불과했다.

통상 경매는 이틀간 진행되는데 첫째 날 세션은 '이브닝 세일', 둘째 날 세션은 '데이 세일'이라 불린다. 말 그대로 이브닝 세일은 저녁에, 데이 세일은 낮에 한다. 슈퍼리치들은 데이 세일보다는 이브닝 세일에 주로 모습을 드러낸다. 유명한 작품은 대부분 이브닝 세일에 등장하기 때문.

이학준 크리스티코리아 대표는 "슈퍼리치가 가장 큰 관심을 갖는 경매의 하이라이트는 이브닝 세일이다. 2017년 미술품 경매 최고 낙찰금액 기록을 갈아치운 〈살바토르 문디〉도 이브닝 세일에서 판매됐다"고 설명했다.

경매에서 수백억~수천억 원을 지불하고 그림을 사 가는 이들은 누굴까. 이 대표는 "국적으로 보자면 과거에는 유럽이나 미국 사람들이 대부분이었다. 그러나 최근에는 중국 슈퍼리치가 미술 경매업계 큰손으로 떠오르고 있다. 직업을 보면 대기업 오너나 임원, 그리고 그들의 배우자가 많다. 헤지펀드 업계를 비롯한 금융권 종사자도 상당수다. 최근에는 의사나 변호사 등 전문직 종사자도 늘어나는 추세"라고 전했다.

할리우드 스타 중에도 크리스티 경매를 통해 미술작품을 사고파는 미술 애호가를 쉽게 찾을 수 있다. 일례로 배우 조니 뎁은 지난 2016년 크리스티 경매에 바스키아 작품 여덟 점을 내놨다. 이 중 〈포크Pork〉는 약 512만 파운드에 낙찰됐다.

슈퍼리치가 '억' 소리 나는 금액을 지불하고 그림을 사 모으는 이유는 여러 가지다. 희소성은 그중 가장 주요한 이유다. 좋은 집이나 자동차, 액세서리, 가방 등은 돈만 있다면 누구든지 살 수 있다. 그림은 다르다. 세상에 한 점밖에 없다. 돈이 있다고 해서 무조건 소유할 수 있는 존재가 아니다. 그림을 통해 재력은 물론 취향과 감각, 교양을 드러내고 자기 자신을 표현할 수 있다는 점도 슈퍼리치가 그림에 열광하는 이유다. 그림 경매가 승부욕을 자극한다는 점도 슈퍼리치가 매력을 느끼는 포인트다.

재테크 차원에서 접근하는 슈퍼리치도 상당수다. 미술작품은 쉽게 대체될 수 없다. 따라서 가격이 잘 내려가지 않는다. 보통 물건과 다르게 감가상각으로부터도 자유롭다. 이 대표는 "유명한 미술작품의 공급은 한정적이다. 반면 수요는 점점 늘어간다. 시간이 갈수록 희소가치가 오르고 가격도 함께 오른다"고 설명한다. 유럽과 미국 등 미술품 경매 시장이 활성화된 나라에서는 자산관리 업체들이 자산 포트폴리오에 미술작품을 포함시키는 사례도 어렵지 않게 찾아볼 수 있다.

슈퍼리치, 그들이 알고 싶다 1

풍문으로만 듣는 것과 실제 만나고 겪어보는 것은 천지 차이입니다. 우리가 만난 슈퍼리치도 그랬습니다. 슈퍼리치를 둘러싼 여러 가지 오해와 편견을 깨는 시간을 가져볼까 합니다. '진짜 슈퍼리치는 어떤 사람들인가'를 취재 기자와 일선에서 그들을 직접 응대하는 업계 관계자들의 멘트로 정리해봤습니다.

명품으로 휘감은 슈퍼리치? 노노!

사람을 외모로만 판단하면 안 된다.

기자 생활 동안 슈퍼리치를 만나볼 일이 적잖았다. 만나본 이들 중 대부분은 언론에 알려졌다 해도 실제 일상생활에서 마주치면 알아보지 못할 만큼 수수한 차림새였다. 그런데 옷매무새 하나, 벨트의 위치, 바지 길이, 셔츠에 따라 넥타이 메는 법 등에 있어서는 하나하나 정석에 가까웠던 게 눈길 갔다. 예를 들면 셔츠 칼라가 180도에 가까운 와이드 칼라면 좀 더 두툼하게 '윈저 노트' 스타일로 메는 식이다.

> "별로 신경 써서 입지는 않은 듯하지만 가만히 들여다보면 의상부터 시계, 액세서리까지 아이템 하나하나가 무척 잘 매칭돼 있다. 무조건 고급으로만 치장하는 것은 아니다. TPO에 적확한 스타일이라고나 할까, 확 튀지는 않지만 뛰어난 매칭 덕에 비범한 분위기를 풍긴다." ─남상무 씨마크호텔 총지배인

슈퍼리치는 학구파?

외양뿐 아니라 애티튜드(태도)나 에티켓도 남달랐다. 말은 최대한 아끼되 듣기에 익숙했다. 또 다양한 사안에 대해 일단 경험이 많고 특히 국내보다 해외 관련 얘기를 나눌 때면 그 나라의 지형, 역사 등 인문학적 지식을 놀라울 정도로 겸비한 이들이 많았다. 글로 배운 지식이 아니라 체험형 지식이다 보니 묘한 설득력과 매력이 묻어났다. 학력이나 학벌에 관계없이 학구적이다. 사업 아이템을 찾기 위해, 혹은 투자 아이디어를 얻기 위해 끊임없이 공부하고 연구한다. 한 분야에 관심이 생기면 뉴스를 찾아보거나 관련 책을 탐독하는 것은 기본, 해당 분야 전문가를 만나 심층적인 내용까지 파고든다.

> "슈퍼리치 고객들은 자신만의 일가(一家)를 이룬 분들이 많다. 일에 대해서 최선을 다하는 습관이 몸에 밴 영향인지 관심 분야 연구에 대해서도 많은 노력을 쏟는 경향을 보인다. 덕분에 와인이나 커피 등에서 소믈리에나 바리스타 같은 전문가만큼의 지식이나 경험을 갖고 있는 분들도 많다. 그 때문에 어설픈 추천은 오히려 역효과를 낸다. 특히 일반인들이 접하기 힘든 고급 서비스나 고가 상품들에 대해서도 이미 많은 경험치가 있기 때문에 만족의 기준치가 상당히 높다."　　　　　　　　　　　　　　－민지호 롯데호텔 커뮤니케이션 팀장

> "사회, 정치, 경제, 예술, 문화 등등 국내는 물론 해외 전반에 대한 이해도가 높고 본인의 확실한 주관을 가지고 있다. 이를 바탕으로 현재를 넘어 미래가 어떻게 변화할 것인지에 대한 예측 정보를 만들고, 자산을 운용할 때 기준으로 활용한다."
>
> 　　　　　　　　　　　　　　　　　　　　－김영호 KEB하나은행 클럽원 PB센터장

　　　　　　　　　　　　　　　　　　　　　　　　　　　樂 취향, 소유

슈퍼리치의 확고한 취향

슈퍼리치 대다수는 취향이 확고하고 까다롭다. 트렌드보다는 희소성을 가장 큰 가치로 여긴다. 자신이 무엇을 좋아하고 원하는지 확실하게 안다. 크라운구스, 덕시아나, 롤스로이스 등 슈퍼리치가 애용하는 브랜드 중 커스터마이징 서비스를 제공하는 업체가 많은 이유가 아닐까.

커스터마이징이 아닌 쇼핑을 할 때도 마찬가지이다. 브랜드의 가치는 대부분 알고 있기 때문에 그에 대한 질문은 없다. 대신 눈에 들어오는 상품이 있으면 일반 제품과 '다른 점'을 가장 많이 묻는다. 예를 들어 어떤 디자이너와 어떤 과정을 통해 만들어졌는지, 왜 한정판인지 등에 대해서 흥미롭게 생각한다.

이들이 이용하는 서비스나 구매하는 아이템은 고가가 아니라 이색적, 여기서밖에 할 수 없는 것, 독창적인 것, 사연이 있는 것에 주목했다. 식당을 가도 식기나 그릇의 출처나 스토리를 묻는 등 사물 하나하나에 관심이 많았다.

> "명성이 떨어지거나 처음 알게 된 제품에는 거부감이 있다. 누군가 추천하거나 어딘가에서 본 적이 있는 제품을 선호한다. 한번 실망한 제품에 대해서는 확실한 거부를 하기 때문에 추천에 매우 조심스러운 게 사실이다."
>
> —전태규 맥캘란 브랜드 앰버서더

> "내구성을 중요시 여기는 사람이 많았다. 당장 오늘 좋아 보이는 것이 아니라 이 아름다움이 얼마나 오래 지속되는지를 확인하고 싶어 한다. 사용하면서 점점 퀄리티가 좋아지는 원목마루나 가죽처럼 1년 후, 10년 후의 가치를 먼저 생각한다. 쓰면 쓸수록 그 가치가 더해지는 것이 명품이라고 생각하는 것 같다."
>
> —김은미 하농(라꼬르뉴 수입판매회사) 팀장

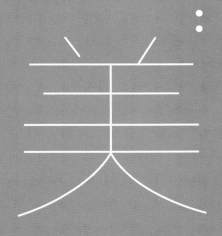

美 :

공간, 일상

"슈퍼리치는 눈에 들어오는 상품이 있으면 일반 제품과 '다른 점'을 가장 많이 묻는다. 예를 들어 어떤 디자이너와 어떤 과정을 통해 만들어졌는지, 왜 한정판인지 등에 대해서 흥미롭게 생각한다."

건축가가 사랑한 가구

폴리폼

'인테리어의 완성은 가구'라는 말이 있다. 그런데 75년 역사를 자랑하는 이탈리아 명품 가구 브랜드 '폴리폼Poliform'은 조금 다르다. '인테리어의 완성'이 아니라 '인테리어 그 자체'라는 얘기까지 나온다. 자칫 오만하게 느껴지지만 고개를 끄덕일 수밖에 없다.

시스템 가구인 폴리폼 구입은 설계 단계에서 진행되는 경우가 대부분이다. 집집마다 맞춤형으로 설계·제작되는 시스템 가구는 '붙박이장'을 떠올리면 이해가 편하다. 벽장은 물론 TV

시스템장과 드레스룸까지. 집에서 차지하는 면적 자체가 크다 보니 인테리어를 따로 고민할 일도 적어진다. 애초 가구를 고를 때도 설계도를 가져오거나 건축가와 함께 방문해야 한다고 하니 말 다했다.

폴리폼은 서울 동대문디자인플라자를 설계한 자하 하디드 같은 세계적인 건축가도 협업 프로젝트를 진행할 정도로 하이엔드 가구로 명성이 드높다. 개인 고객 중 방문 구매 비율이 가장 높다는 50대 여성 고객에 '빙의'해 내 집에 맞는 폴리폼 가구를 '가상 쇼핑'해 봤다.

은퇴가 머지않았다. 노후는 물 좋고 공기 좋은 제주도에 내려가 남편과 오붓하게 살아볼 생각이다. 평생 로망이었던 바다가 보이는 단독주택. 꿈을 현실로 만들기 위해 짧지 않은 시간 준비를 많이 해왔다. 토지도 매입했고 운 좋게 마음이 맞는 건축가 A씨와 만나 집 건축설계도 어느 정도 끝난 상태다. 하지만 가장 어려운 게 '디테일'이라던가. 가구를 고르는 과정에서 난관에 봉착했다. 모던하면서도 고급스러운 분위기를 내고 싶지만 맘에 쏙 드는 브랜드를 쉽게 찾지 못했다.

어느 날 건축가 A씨가 '폴리폼' 얘기를 꺼냈다. "모던한 스타일과 마감처리에 강해 건축가들이 선호하는 가구 브랜드로 정평이 나 있다"는 그의 말에 마음이 동했다. 설명을 들을수록 폴리폼에 대한 관심이 커졌다. 자하 하디드를 비롯해 아모레퍼시픽 신사옥을 지은 것으로 유명한 데이비드 치퍼필드가 '최애'하는 가구라니. 국내에서는 건축가 양진석 씨가 폴리폼에 대한 애정을 공공연히 말하고 다닌다. 그가 설계를 총괄한 양양 설해원 골든비치에는 객실 전체가 폴리폼 가구로 세팅된 곳이 있을 정도라고. 애플 신사옥과 최근 가로수길에 지어진 애플스토어를 설계한 영국 유명 건축설계회사 포스터앤드파트너스도 폴리폼과 협업 프로젝트를 수차례 진행하기도 했다. 수개월 전 "집 안에 설치한 폴리폼 시스템 가구 덕분에 좋은 가격에 집을 팔았다"는 지인 얘기도 기억이 났다.

남편과 건축가 A씨를 대동하고 서울 논현동에 위치한 '디사모빌리' 사옥에 방문했다. 폴리폼은 디사모빌리에서 독점 수입 판매한다. 지하 1층 쇼룸에 들어서자 거대한 책장이 시야를 한가득 메운다. 거실용 시스템 가구 '월시스템wall system'이다. 수십 개로 쪼개져 있는 수납공간 안쪽마다 조명이 하나하나 들어가 있어 분위기를 돋운다. 가격은 6000만 원 상당. 심드렁하게 쇼룸 안을 둘러보던 남편 눈빛이 한순간에 달라진다. 월시스템에 옵션으로 추가할 수 있는 '고스트 디스플레이 케이스'를 본 직후다.

고스트 디스플레이는 '전시용 쇼케이스'로 구성된 공간이다. 유리 도어로 마감돼 있고 뒷배경 패널 색상도 다르고 다른 책장보다 4~5cm 튀어나와 있어 눈길이 절로 간다. 각종 조각상이나 피규어를 마구 사 모으는 자타 공인 '수집광'인 남편 취향을 저격했나. 아니나 다를까. "얼마 전 산 아트토이를 넣어두면 딱 이겠는데"라고 혼잣말을 중얼거린다. 디사모빌리 직원은 "겉으로 봤을 때 못이나 나사 등 마감이 전혀 보이지 않게끔 설계됐다. 사소해 보이지만 모던한 분위기를 위해서는 굉장히 중요한 포인트"라고 자랑했다.

월시스템 앞쪽에 놓여 있는 소파와 테이블도 함께 구입하기로 결정. 몬드리안 소파와 티테이블, 사이드테이블 세 개를 더해 6000만 원이 넘는다. 다소 비싸다는 생각도 들지만 월시스템 분위기와 딱 맞게 제작된 듯한 소파를 한번 보고 나니 다른 게 눈에 들어오지 않는다. 내친김에 러그(2000만 원대)와 암체어

(800만 원대)도 샀다. 특히 암체어는 '매드킹'이라는 이름이 맘에 쏙 들었다. 괴팍한 성격의 남편과 딱 어울리는 이름 아닌가.

거실은 대충 마무리. 이번에는 다이닝룸 차례다. 상판을 전부 대리석으로 마감한 콩코드 식탁과 의자 12인 세트(6000만 원대)로 낙찰! 또 식기·수저를 넣어둘 사이드보드(1600만 원대), 잔과 그릇을 보관할 퀴드 시스템 가구(4000만 원대)까지 결정했다. 대리석 식탁과 어울리는 고풍스러운 오크 마감재를 선택했다.

침실에는 큰 관심이 없었지만 지하 2층 쇼룸에 들어오고 사정이 달라졌다. 켈리 킹사이즈 침대와 세트로 구성된 서랍장, 협탁을 놓고 그냥 지나칠 수 있는 사람은 많지 않을 테니. 옷장도 마찬가지. 도어 전체가 모두 소가죽으로 마감된 초호화 옷장 '방콕'과 도어 전면이 마치 거대한 거울처럼 꾸며진 '오션' 중에 고민이 많았다. 네이밍부터 제주도 생활에 딱 맞는 '오션'을 밀었건만. 건축가 A씨는 거실과 옷장의 전체 분위기와 설계를 고려하면 '방콕'이 더 나을 것 같다며 강추한다.

드레스룸도 별다른 인테리어가 필요 없다. 시스템 가구 하

이탈리아 가구 브랜드 '폴리폼'은 자하 하디드, 데이비드 치퍼필드 등 세계적인 건축가
들로부터 선택받은 것으로 유명하다. 거실용 시스템 가구 '월시스템'.

드레스룸도 별다른 인테리어가 필요 없다. 시스템 가구 하나면 드레스룸이 꽉 찬다.
8000만 원대 '우빅 워크인 클로짓'은 90도로 설계돼 방 벽면 두 개를 가득 채운다.

나면 드레스룸이 꽉 차니. 8000만 원대 '우빅 워크인 클로짓'은 90도로 설계돼 방 벽면 두 개를 가득 채운다. 상층부는 스틸형 걸이를 활용한 의류 진열대, 밑으로는 시계나 액세서리 등 귀금속을 넣을 수 있는 서랍으로 구성돼 있다. 조명이 환히 들어오는 유리 쇼케이스 서랍 안에 액세서리를 진열할 생각에 벌써부터 맘이 설렌다. 서랍을 열어보면 기분 좋은 가죽 냄새가 향긋 풍겨 나온다. 서랍 내부 밑바닥은 소가죽이다.

4층 쇼룸은 대망의 주방이다. 사실 제주도 새 집에는 메인 주방과 보조 주방을 따로 설치하기로 했다. 메인 주방은 손님 응대용으로 쓸 생각이다. '보여주기용 주방'이랄까. 실용적인 부분은 다소 떨어지지만 '있어빌리티'를 극대화하기 위해서다. 반대로 보조 주방은 작은 규모로 만들 계획이다. 복잡한 작업이 필요한 요리와 설거지 용도다.

디사모빌리 직원이 폴리폼의 다양한 주방 세트를 보여줬다. 식탁과 요리용 후드는 물론 뒤편에 마련된 수납장도 포함한다. 상판에는 인덕션이, 수납장에는 오븐과 냉장고 등 가전제품이 내장된 형태다. 요즘 대세는 역시 주방과 식사 공간이 서로 마

2억5000만 원대의 대면형 주방 세트 '피닉스'. 6mm의 슬림한 스테인리스 스틸 상판
이 싱크대는 물론 가스레인지까지 일체형으로 제작된다.

주 보는 '대면형 주방'인가 보다. 폴리폼 주방 세트도 전부 대면형 주방이다. 하긴 그 편이 손님에게 자연스럽게 요리 실력을 뽐낼 수 있어 좋을 것 같다. 요리에 대한 설명도 즉각 이어가면 분위기도 더 화기애애해질 테다.

여러 선택지를 놓고 고민을 거듭했다. 두툼한 상판의 '아르텍스', 버튼을 누르면 요리용 후드가 마치 로봇처럼 식탁 속에서 밖으로 튀어나오는 '트레일'도 매력적이지만 최종 선택은 '피닉스'로 했다. 6mm 슬림한 상판 두께, 싱크대는 물론 가스레인지까지 일체형으로 제작된 스테인리스 스틸 상판의 세련됨이 마음을 끌었다. "가격은 2억5000만 원대"라는 직원 설명에 선택을 취소할 뻔하기도 했지만.

이렇게 거실과 다이닝룸, 주방과 침실까지 모두 폴리폼 가구로 채워 넣었더니 최종 금액은 7억 원대. 그야말로 '억 소리' 나는 가격이었지만 후회는 없다. 오늘 산 가구 내부를 어떤 아이템으로 채워 넣을지……. 벌써부터 행복한 고민에 빠진다.

백만장자 덕후를 거느린 침대

덕시아나

삶의 3분의 1은 자면서 보낸다. 잠은 인생의 나머지 3분의 2에 지대한 영향을 미친다. 잠을 잘 자야 스트레스도 덜 받고 건강도 유지할 수 있으니.

그래서일까. 최근 슬리포노믹스Sleeponomics(수면 산업)가 엄청나게 각광받는다. 심신을 안정시키는 소리를 내는 백색소음기나 아로마 디퓨저, 기능성 베개 등 수면에 도움이 되는 상품이 인기를 끌고 관련 시장이 점점 커지는 중이다. 삼성경제연구소는 국내 수면 산업이 연 2조 원 규모라 추산한다.

숙면은 슈퍼리치에게도 중요한 이슈다. 슈퍼리치는 전 세계를 누비며 하루하루를 바쁘게 보낸다. 일상이 고된 만큼 '고퀄(질이 좋은)' 수면을 원하는 이가 많다. 그래서 '꿀잠'을 자기 위해서라면 아낌없이 지갑을 연다. 수면의 질을 결정짓는 가장 결정적인 요소인 침대를 구매하는 데 있어서는 더욱 그렇다.

최근 슈퍼리치 사이에서 인기를 모으는 침대 브랜드는 '덕시아나DUXIANA'다. 영화감독 스티븐 스필버그를 비롯한 슈퍼리치 다수가 애용한다는 브랜드다.

덕시아나는 1926년 스웨덴에서 설립됐다. 창업자 에프라임 융은 원래 초콜릿 사업을 했는데 이 때문에 스웨덴과 아프리카 사이를 자주 오갔다. 장거리 여행을 자주 하는 만큼 숙면에 대한 욕구가 강했다. 그런데 아무리 비싸고 좋은 호텔에 머물러도 자고 일어난 후 상쾌하다는 느낌이 들 정도로 편한 침대를 찾지 못했다. 세상에서 가장 편한 침대를 직접 만들어야겠다는 생각을 했고 이게 창업으로 이어졌다. 현재는 헨릭 융이 4대째 경영을 이어오고 있다. 한국에는 2006년 진출했다.

슈퍼리치가 애용하는 브랜드답게 덕시아나 제품은 가격대가 상상 초월이다. 가장 저렴한 모델이 800만 원대, 가장 비싼 제품이 8000만 원대다. 가장 인기가 많은 모델인 'DUX 6006'은 3000만 원대에 판매된다.

물론 비싼 이유가 있다. 일단 내구성이 뛰어나다. 덕시아나 침대는 최장 40년 이상 사용할 수 있다고 한다. 스웨덴산 강철 스프링과 소나무, 히비아 고무나무에서 채취한 천연 라텍스, 퀼팅 천연 코튼을 비롯한 고급 재료로 만든 덕분이다. 품질보증 기간도 20년이다.

제품 설계도 섬세하다. 잠을 잘 때 바른 자세를 유지하려면 침대의 위쪽, 중간, 아래쪽 스프링 강도가 달라야 한다. 일반적인 침대는 스프링 강도를 조절할 수 없다. 덕시아나 매트리스는 여러 층의 스프링으로 구성됐는데 가장 위층 스프링이 위, 중간, 아래로 분리돼 있어 강도를 조절할 수 있다. 다리를 올려 혈액순환이 원활하게 되도록 아래쪽에 강도가 높은 스프링을 배치하고 골반 쪽에는 중간 강도 스프링을 넣는 등 취향에 맞게 구성이 가능하다. 이를 '파스칼 시스템'이라 부르는데 두 사

매트리스 제일 위층 스프링이 위, 중간, 아래로 분리되어 취향에 맞게 강도를 조절할 수 있다.

람이 침대를 같이 쓸 때 특히 빛을 발한다. 체형과 수면자세 등이 각각 다른 두 사람이 한 침대에서 자더라도 각자 취향에 맞게 설정할 수 있다.

무료 이사 점검 서비스도 제공한다. 고객이 거처를 옮길 때 침대를 제대로 세팅했는지 확인해주는 서비스다. 덕시아나 관계자는 "이사를 가서 침대를 설치할 때 제일 위쪽 스프링 배치를 잘못하는 경우가 있다. 이를 막기 위해 이사 점검 서비스를 운영한다"고 설명했다.

더불어 등받이 소재와 색 등은 커스터마이징할 수 있다. 색상은 300여 개 이상이며 재질도 가죽, 직물 등으로 다양하다. 재고를 많이 쌓아두고 주문이 들어오면 내어주는 대량생산 방식이 아니라 고객 취향에 맞게 침대를 설계하는 맞춤제작 형식인데다 핸드메이드라 주문한 뒤 침대를 받기까지 3~4개월 정도 걸린다.

덕시아나의 섬세함은 침대를 판매하는 방식에서도 드러난다. 무조건 판매량을 늘리기보다는 고객이 최고의 경험을 할 수 있도록 돕는 데 총력을 기울인다.

매장 위치 선정기준부터 남다르다. 덕시아나는 서울 청담동

사진제공 덕시아나

스티븐 스필버그를 비롯해 전 세계 슈퍼리치 사이에서 인기를 끌고 있는
침대 브랜드 '덕시아나'. 스웨덴산 강철 스프링과 소나무와 히비아 고무
나무에서 채취한 천연 라텍스 등 고급 소재를 사용하며, 취향에 따라 스
프링 강도를 조절하도록 디자인됐다.

큰길가에 있던 매장을 최근 한 블록 안쪽으로 옮겼다. 큰길가에 매장이 위치하면 지나가는 사람이 많고 창문을 통해 전시된 제품을 구경하는 사람도 적지 않다. 보는 눈이 많으면 고객은 자연스럽게 타인의 시선을 신경 쓰게 된다. 이를 막기 위해 지나다니는 사람이 상대적으로 적은 곳으로 매장을 옮겼다. 서울 신라호텔에 위치한 플래그십 매장에는 창문에 블라인드가 설치돼 있다. 평소에는 밖에서도 매장 내부와 제품을 볼 수 있도록 오픈해 놓지만 고객이 원하면 마음 편히 직원과 상담을 할 수 있도록 블라인드를 내린다.

제품을 판매하기 전 상담도 꼼꼼하게 한다. 비싸고 오래 쓰는 제품인 만큼 고객 취향에 맞는지 세심하게 살피기 위해서다. 기존에 사용하던 침대가 어떤 제품인지, 침대를 누구와 함께 쓰려고 하는지, 수면 패턴은 어떤지 등을 물어보고 여기에 맞는 제품과 설계를 제안하는 식이다. 물론 과거에 덕시아나 침대를 이용해본 경험이 있고 취향이 뚜렷한 고객이라면 몇몇 질문은 생략하기도 하지만 고객이 무엇을 원하는지 정확히 파악하기 위해 시간과 노력을 아끼지 않는다. 구매하기 전 침대에 직접 누워보고 잠을 자보는 등 체험을 해보는 것도 적극 권유한다.

2000만~3000만 원이나 되는 침대를 사 가는 이들은 누구일까. 덕시아나 측은 기업 임원과 오너, 연예인, 운동선수 등이 주요 고객이라 설명한다. 국내 유명인사 중에서는 배우 이정재, 이서진, 고수, 전지현, 김효진·유지태 부부, 방송인 박지윤 등이 덕시아나 침대를 구입했다. 연령대로 보면 50~60대가 가장 많지만 최근에는 30~40대 소비자가 늘고 있다. 혼수용품으로도 인기가 높아지고 있고 성장기 어린이들은 특히 좋은 침대를 써야 한다는 인식이 확산되면서 어린이용 제품에 관심을 보이는 부모들도 급증했다고.

특급호텔 중에도 객실에 덕시아나 침대를 들여놓은 곳이 꽤 된다. '반얀트리 클럽앤스파 서울'과 '더플라자호텔', '한화리조트거제 벨버디어' 등이 일부 객실에 덕시아나 침대를 들여놨다. 배우 배용준의 신혼여행지로 알려진 남해 '사우스케이프 스파앤스위트'는 모든 객실에서 덕시아나 침대를 만날 수 있다. '헤리티지 산후조리원'을 비롯한 프리미엄 산후조리원 중에도 덕시아나 침대를 선택한 곳이 다수다.

국내뿐 아니라 해외 슈퍼리치 사이에서도 덕시아나는 '핫'한 브랜드다. 특히 할리우드에서는 '필수템'으로 자리 잡았다. 영화

감독 스티븐 스필버그가 대표적인 덕시아나 애호가다. 덕시아나 침대를 무려 25개나 소유하고 있다. 제니퍼 애니스톤과 레오나르도 디카프리오 등 배우 고객도 많다. 토니 블레어 전 영국 총리, '골프 황제' 타이거 우즈를 비롯한 정치인과 운동선수 중에도 덕시아나 침대를 보유한 이를 어렵지 않게 찾아볼 수 있다. 이 밖에 스티브 잡스 전 애플 CEO와 로이 디즈니 전 월트 디즈니 부회장 역시 생전에 주요 고객이었던 것으로 알려졌다. 두바이 최고급 호텔인 '부르즈 알 아랍'은 121개 스위트룸에 덕시아나 침대를 설치했다. 할리우드 배우 로버트 드니로 소유인 뉴욕 그리니치호텔도 덕시아나 침대를 들여놨다.

덕시아나 관계자는 "슈퍼리치는 하루에 2~3시간 정도 이용하는 자동차를 구매하는 데에도 수억 원을 거리낌 없이 지불한다. 침대에서는 삶의 3분의 1을 보낸다. 좋은 침대를 위해 몇 천만 원을 내는 것은 슈퍼리치 입장에서 큰 소비가 아니다"라며 이 고가의 침대가 인기를 끄는 이유를 설명했다.

셰프들이 말하는 꿈의 오븐

라꼬르뉴

"라꼬르뉴 오븐에서 만들어진 음식으로 사람들이 행복해할 때가 가장 뿌듯하다. 라꼬르뉴는 내 요리 인생의 반려자."

미쉐린 3스타 레스토랑인 파리의 아르페주L'Arpege 메인 셰프 알랑 파사흐의 말이다.

라꼬르뉴La Cornue는 1908년 알버트 뒤피가 창업해 3대째 이어오고 있는 프랑스 최고급 주방 오븐 브랜드다. 특히 '볼티드 오븐Vaulted Oven'을 세계 최초로 선보인 곳으로도 유명하다. 볼티드 오븐이란 열을 고르게 순환시키는 아치형 구조에 내부를 완벽하게 밀폐할 수 있게 이음새 없는 도어로 특화한 오븐이다. "열 손실을 방지해주면서 습도를 적절하게 조절할 수 있어 최상의 요리가 가능하다"며 셰프 사이에선 '꿈의 오븐'으로 불린다. 해외 슈퍼리치들도 라꼬르뉴 팬이 많다. 브래드 피트, 조지 클루니, 셀린 디온, 블레이크 라이블리, 기네스 펠트로 등 스타는 물론 자크 시라크 전 프랑스 대통령, 칼 라거펠트, 이브 생 로랑 등 수많은 유명인사도 고객이다.

셰프가 최고로 여긴다는 건 알겠지만 슈퍼리치마저 최고급 오븐에 열광하는 이유는 뭘까.

슈퍼리치가 중시하는 희소성이 그 첫 번째다.

라꼬르뉴 최고가 라인 샤또 시리즈 가격은 오븐이 8700만 원, 후드 가격은 2000만 원을 훌쩍 넘긴다. 기본 구성만 1억 원이상이란 얘기다. 여기에 화구火口, 서랍 등을 추가하면 1억 원중반대까지 가격이 치솟는다. 일단 가격에서 일반인이 쉽게 접근할 수 없다.

단순히 비싸다는 이유로만 차별화되는 건 아니다.

라꼬르뉴 오븐을 주문하고 받기까지는 최소 한두 달 걸린다. 다채로운 보디 컬러는 물론 오븐 외관을 관통하는 스틸 역시 유광·무광 여부, 황동·구리·스테인리스 등 소재별로 선택의

　　　　　　　　　　　　　　　　　美 공간, 일상

폭이 다양하다. 일일이 주문자가 고르면 맞춤형으로 만들어주기 때문에 인도받는 데까지 시간이 필요하다는 게 회사 관계자 설명이다. 또 슈퍼리치의 집은 주로 대형 주택으로 일반 아파트나 빌라처럼 표준화된 구조가 아닌 사례가 많다. 각 집마다 부엌 규모나 배치가 다 다르기 때문에 세상에서 하나밖에 없는 구성을 할 수밖에 없는데 이런 욕구를 충족시켜줄 수 있다는 점에서도 인기다.

제품을 발주한 후 전 제작과정이 '핸드메이드'로 이뤄진다는 점도 슈퍼리치의 구미를 당기는 요인이다.

라꼬르뉴 관계자는 "최상급 철, 황동, 니켈 등 검증된 재료만을 사용해 단 한 사람의 장인이 직접 손으로 만들기 때문에 한 제품이 완성되기까지 그 정도 기간이 걸린다. 프랑스 직배송 기간까지 포함하면 더 걸릴 때도 있다"고 소개했다.

'그들만의 홈파티' 문화가 확산되고 있다는 점도 신흥 슈퍼리치들의 구매를 자극하는 요소다.

특히 해외에서 살거나 유학 경험이 있는 재계 2세는 물론 신흥 부자들이 '1억 오븐' 소비의 주체로 떠오르고 있다는 전언이다. 이들은 집으로 손님을 초대하는 홈파티에 익숙하다. 그때

프랑스 최고급 오븐 브랜드 '라꼬르뉴'. 홈파티 문화에 익숙한 신흥 슈퍼리치들이 '1억 오븐' 소비의
주체로 떠오르고 있다. 전 제작과정이 핸드메이드로 이루어진다.

뭔가 다른 부엌과 주방가구를 선보이고 싶어 하는 마음이 '1억 오븐' 구매로 이어진다.

"한국의 1세대 슈퍼리치는 손님을 모실 때 부엌은 되도록 공개하지 않았다. 음식은 메인 키친에서 전문 요리사를 초빙해 만들거나 요리 솜씨 좋은 가사도우미가 만든 음식을 영빈관 혹은 별채에 내놓는 식이었다. 그런데 재계 2~3세, 벤처기업인 등 신흥 슈퍼리치는 좀 다르다. 부엌을 개방하고 주인이 직접 솜씨를 발휘한 요리를 내놓는 식의 개방형으로 바뀌다 보니 이때 노출되는 오븐과 키친웨어가 그만큼 중요해졌다."

임주연 503레시피 대표의 설명이다. 그는 "해외 생활을 오래한 이들은 국내에 살면서도 자연스레 크리스마스, 핼러윈데이 등 홈파티 혹은 가족모임을 하는 게 일상적이다. 이럴 때 음식역시 양식으로 해왔던 걸 그대로 한국에서도 재현하려다 보니스토브나 오븐 등이 필요하게 됐다"고 덧붙였다.

슈퍼리치 사이에 홈쿠킹 클래스가 점차 확산되고 있는 점도 '1억 오븐' 소비에 불을 당기고 있다는 후문. 최근 국내에도 해외 유학파 셰프들이 속속 국내로 들어오면서 미쉐린 스타 레스토랑과 쿠킹 클래스가 늘어나고 있다. 슈퍼리치는 이들의 주요 고객이기도 하다. 그런데 슈퍼리치 중에선 검증되지 않은 인간 관계를 원치 않는 이들도 많다. 쿠킹 클래스를 가더라도 '시누이, 며느리를 동반한 재계 총수 사모님'과 같이 지인들끼리 한 강좌를 점유하는 것은 이런 이유에서다. 하지만 쿠킹 클래스는 매번 강의가 개설되면 수강신청을 해야 하는 단점이 있다. 또 '슬로푸드'처럼 장시간을 요하는 여러 요리를 단계적으로 배우기에도 맞지 않다. 차라리 셰프를 불러다가 편하게 집에서 요리를 배우는 문화가 형성됐는데 이를 '홈쿠킹 클래스'라고 한다. 일종의 슈퍼리치 개인 레슨이다.

문제는 장비. 셰프는 최고인데 가정에서 장비가 뒤따르지 못하는 경우가 많았다고. 꼭 오븐이 필요한 닭요리인데 가정용은 일정 온도 이상은 구현하지 못해 쓸 수 없는 식이다. 예민한 슈퍼리치의 미각에도 이는 용납되지 않는 바. 결국 가정에 미쉐린 스타 레스토랑처럼 엄청난 사양의 장비를 갖춰놓을 수밖에 없다는 설명이다.

라꼬르뉴 관계자는 "해외에서 미쉐린 스타 레스토랑을 들렀다가 이 브랜드를 봤다면서 매장에 와 현찰로 결제한 이도 있었다"고 귀띔했다.

1억 오븐을 사 가는 이들은 누굴까.

인스타그램 등 소셜미디어상에서 볼 수 있는 이들로는 국내 유명인사도 적잖다. 재계 트렌드 리더로 손꼽히는 노희영 YG푸즈 대표가 대표적이다. 워낙 트렌드에 민감하거니와 직접 F&B(식사&음료) 사업에 진출하면서 보다 다양한 실험을 해볼 수 있는 주방을 본인 집에 직접 차리고 또 공개하면서 단연 눈길을 끈다. 연예계 '살림의 여왕'으로 정평이 나 있는 방송인 변정수 씨 역시 셰프의 주방을 방불케 하는 부엌 인테리어 정점에 라꼬르뉴 오븐을 배치, 당장 쿠킹 클래스를 운영해도 되겠다는 네티즌의 찬사를 받고 있다.

라꼬르뉴 관계자는 "유명인사의 부엌에 노출되면서 1억 원 단위는 아니어도 수천만 원대 라꼬르뉴 오븐 수백여 대가 팔려 나가는 등 홈키친의 유행이 달라지는 분위기"라고 말했다.

재계에도 '1억 오븐'은 꽤 널리 퍼져 있다. 이름만 대면 알 수 있는 국내 최대 IT기업 창업자를 시작으로 재계 2~3세, 해외기업 국내 지사장 등 다양한 이들 집에 속속 자리를 차지하기 시작했다고.

최근 구매했다는 한 슈퍼리치는 "최근 부쩍 요리에 관심이 많아졌다. 요리와 경영은 비슷한 면이 많다. 닭고기는 원재료 본

연의 맛을 내기 위해선 1시간 등 정해진 시간을 지켜야 한다는 점에서 정도경영을, 그러면서도 동일한 재료라도 다양한 변주가 가능하다는 점에서 창의력을 가미할 수 있는 등 여러 영감을 준다. 최고의 장비를 사용해 최고의 맛을 낸다는 점에서 설비 투자의 중요성도 배운다"고 말했다.

1억 오븐만으로도 신흥 부자 지형도를 그릴 수 있다는 말도 나온다. "예전에는 전통 부자들이 있는 성북동, 이태원에서 많이 사 갔는데 최근엔 신흥 부자와 젊은 재계 2~3세가 많이 사는 서울 삼성동, 한남동, 그리고 서판교 일대 단독주택에서 수요가 늘어나고 있다"는 라꼬르뉴 관계자의 전언이다.

250년 크리스털의 전설

바카라

바야흐로 1764년. 당시 프랑스 국왕이었던 루이 15세는 파리로부터 동쪽으로 약 400km 떨어진 외딴 마을 바카라에 크리스털 공장을 지으라는 '어명'을 내렸다. 프랑스 왕실의 화려함을 한층 높여줄 공예품을 만들기 위해서였다. 초고급 크리스털 브랜드 '바카라Baccarat'의 탄생 스토리다.

그로부터 250년이 지난 현재까지 바카라는 '왕의 크리스털'이라는 별칭으로 불린다. 말뿐인 '왕'이 아니다. 1823년 프랑스 왕실위원회 의뢰를 받아 최초의 특별 주문제작 제품을 선보인 이래 지금껏 수많은 왕족과 국가 정상들의 사랑을 받아왔다. 루이 18세, 나폴레옹 3세를 비롯해 러시아 황제였던 니콜라스 2세, 루스벨트 전 미국 대통령, 모나코의 왕 레니에 3세와 그레이스 켈리 등이 바카라 애호가로 유명하다. 칼 라거펠트, 돌체앤가바나 등 유명 디자이너도 바카라 열풍에 합류했다. 명품 브랜드 까르띠에는 전 세계 모든 매장에 바카라 크리스털 조명을 들여왔을 정도다. 국내에서는 그룹 빅뱅의 멤버 지드래곤의 바카라 사랑이 남다르다. 그가 제주도에 차린 카페 '몽상드애월'에는 바카라 크리스털 샹들리에를 비롯해 약 3억 원 상당의 바카라 제품이 들어서 있다.

국내에도 물론 바카라 매장이 있다. 서울 용산에 있는 '메종바카라'를 필두로 최근에는 소공동 롯데호텔서울에도 입점하며 공식 매장 개수를 5개까지 늘렸다.

바카라 크리스털 제품 분야는 그 폭이 상당히 넓다. 작게는 소주잔만 한 크리스털 잔부터 주얼리, 화병, 대형 샹들리에에 이르기까지 다양한 라인업을 갖추고 있다.

그중에서도 '바카라' 하면 가장 먼저 떠오르는 것은 역시 샹들리에다. 오히려 샹들리에가 바카라 덕에 빛을 봤다고 해도 무방

美 공간, 일상

하다. 샹들리에라는 조명 자체를 처음 만들어낸 게 바카라기 때문이다. 바카라 앞에는 '최초'라는 수식어가 여럿 따라붙는다. 프랑스 최초로 크리스털 조명을 개발했고 1896년에는 세계 최초 전기식 샹들리에인 러시아 상트페테르부르크 궁전의 '차르 칸델라브룸'을 만들어내며 조명 전기화를 이끌기도 했다.

바카라가 국내 판매하는 샹들리에 중 특히 눈길을 끄는 것은 '에트랑제 제니스'라는 이름의 샹들리에다. 현대 산업 디자인을 대표하는 세계적 디자이너 필립 스탁과 협업으로 탄생한 '작품'이다. 지드래곤 카페 '몽상드애월'에 있는 것으로 유명한 바로 그 샹들리에다. 가격은 1억7730만 원. 크리스털 조명 사이사이로 빛나는 사슴 머리 모양 크리스털 오브제가 인상적이다. 바카라 관계자는 "예로부터 사슴은 영험함과 신성함을 상징하는 동물이다. 집안의 무병장수와 관운, 승진운을 기원하는 의미를 담고 있어 슈퍼리치 사이에서 인기가 각별하다"고 설명했다.

샹들리에라고 해서 늘 고귀하고 엄숙한 느낌을 주는 것은 아니다. 보기만 해도 웃음을 자아내는 재기 넘치는 샹들리에도 있다. '마리 코킨 샹들리에'는 마치 우산을 샹들리에로 탈바꿈시킨 듯한 모습이다. 천장 부분에 펼쳐져 있는 흰색 우산은 꼭 샹들

디자이너 필립 스탁과 협업
으로 탄생한 '에트랑제 제니
스'. 크리스털 조명 사이사이
로 빛나는 사슴 머리 모양 크
리스털 오브제가 인상적인
샹들리에다.

세계적인 디자이너 루이스
캠벨이 디자인을 맡은 '너
버스 제니스'. 전 세계 50개
밖에 없는 한정판이며 높이
170cm, 무게 90kg에 달한다.

'마리 코킨 샹들리에'는 마치 우산을 샹들리에로 탈바꿈시킨 듯한 모습이다. 천장 부분에 펼쳐져 있는 흰색 우산은 꼭 샹들리에에 '전등갓'처럼 보이게끔 디자인됐다.

리에 '전등갓'처럼 보이게끔 디자인됐다. 하단에 매달린 밤나무 우산 손잡이는 화룡점정이다. 물론 7131만 원이라는 가격을 듣고 마냥 웃을 수 있는 사람은 많지 않겠지만.

국내 최고가 샹들리에는 사실 따로 있다. '너버스 제니스 샹들리에'다. 세계적 디자이너 루이스 캠벨이 디자인을 맡았다. 전 세계 50개밖에 없는 한정판이다. 가격은 무려 3억4950만 원. 높이 170cm, 무게 90kg에 달하는 거대 조명이지만 우아하게 늘어트린 자태를 보고 있으면 금방이라도 하늘로 날아갈 듯 가뿐해 보인다.

바카라 관계자는 "샹들리에는 호텔이나 레스토랑 등 상업용 매장이 아니라 개인주택에 더 많이 팔린다. 프라이빗 오더로 샹들리에를 주문하는 VIP 고객이 최근 더 늘어나는 추세다. 한남 더힐 등 국내 최고가 아파트를 비롯해 펜트하우스, 천장이 높은 복층형 아파트 거주자 수요가 많다"고 설명했다.

샹들리에 외에도 그릇, 잔, 촛대 등 테이블웨어 인기도 높다. 단순히 먹고 마시는 용도로만 활용되는 것은 아니다. 요즘에는 바카라 잔을 전시하기 위한 디스플레이 장을 따로 주문제작하는 컬렉터도 늘어나는 분위기다. 테이블웨어는 결혼식 혼수로도 인기가 높다고. 화병이나 오브제 등 아예 인테리어 소품으로 쓰이는 크리스털 제품에 대한 반응도 뜨겁다. 강준구 바카라 코리아 대표는 "최근 슈퍼리치의 관심사는 패션, 자동차를 지나 라이프스타일로 넘어오는 추세다. 집에 있는 시간이 점차 늘어나고 트렌드가 오래 지속된다는 점에서 투자를 아끼지 않는다"고 말했다.

최근 개장한 소공동 롯데호텔서울 매장에서 '라이프스타일 고급화' 트렌드를 엿볼 수 있다. 입구에 들어서자마자 눈길을 끄는 것은 다름 아닌 빨간 장미. 이윽고 시선은 장미 수십 송이를 담고 있는 크리스털 화병에 쏠린다. 바카라 크리스털 화병 '징코 피콕 베이스'는 1995년 디자이너 토마스 바스티드가 디자인한 제품으로 2017년 전 세계적으로 100개만 한정 제작했다. 국내에는 단 한 개만 들어와 있다.

바카라에 대한 슈퍼리치의 관심이 높은 것은 단순히 비싼 가격 때문만은 아니다. 250년 역사를 자랑하는 바카라 전통과 정통성에 높은 점수를 준다.

바카라 크리스털 제품은 모두 프랑스 장인이 직접 손으로 만든다. 모든 공정은 수작업으로 이뤄진다. 기술을 제대로 습득하

사진 최영재 기자

은행잎을 형상화한 화려한 디자인으로 눈길을 끄는 크리스털 화병 '징코 피콕 베이스'. 100개 한정 제작되었고 국내에는 단 한 개만 들어와 있다.

는 데만 15년 이상이 걸리는 고난도 작업이다. 바카라를 두고 흔히 '제품이 아니라 작품'이라고 부르는 이유도 여기 있다.

　제품 가치와 희소성을 유지하기 위해 할인 행사도 최대한 지양하는 편이다. 대신 소수 슈퍼리치를 겨냥한 마케팅에 적극적이다. 메종바카라 바에서 진행되는 '프라이빗 파티'도 그중 하나다. 10명 내외 소수 모임으로 진행되는 파티로 위스키, 칵테일, 와인, 티 등을 활용한 소규모 시음회를 진행하는 식이다. 여러 예술가와의 컬래버레이션 전시회도 같은 맥락이다. 2018년 7월 간호섭 홍익대 섬유미술패션디자인과 교수와 함께 개최한 '족자의 전시회'가 대표적이다. 전통 서예와 민화를 의상으로 재해석한 '족자의'와 서구적인 화려함을 물씬 풍기는 바카라 크리스털이 절묘하게 어우러져 호평을 받은 바 있다.

　간호섭 교수는 "소비는 허영 소비와 가치 소비로 나뉜다. 바카라는 명백한 후자다. 과시하기 좋아하는 사람이라면 집 안에 들여놓는 바카라 크리스털 제품을 살 이유가 없다. 크리스털 외길만을 걸어온 정통성과 높은 제품 퀄리티에 큰 만족감을 얻는 것"이라고 설명했다.

　강준구 대표는 "바카라는 장인정신과 희소성이라는 측면에서

높은 가치를 갖는다. 세계적 디자이너와 협업을 통한 한정판을
만들고 예술가들과 공동 전시회를 개최하는 배경도 여기 있다"
고 말했다.

美 공간. 일상

왕실의 그릇

로얄코펜하겐

　테이블웨어 브랜드 로얄코펜하겐ROYAL COPENHAGEN은 덴마크 왕실과 인연이 깊다. 시작부터 남달랐다. 1775년 덴마크 황태후였던 줄리안 마리의 후원으로 설립됐다. 현재도 덴마크 왕실에 제품을 공급한다. 로얄코펜하겐 로고 속에 왕관이 들어간 것도 왕실과의 관계를 보여주기 위해서다. 왕관 밑에 자리 잡은 물결 세 줄은 줄리안 마리 황태후가 제안한 디자인이다. 각각 덴마크를 둘러싼 대벨트해협, 소벨트해협, 외레순해협을 상징한다. 물결무늬 아래 쓰인 문구 'PURVEYOR TO HER

MAJESTY THE QUEEN OF DENMARK'는 덴마크 여왕폐
하를 위한 납품업체라는 뜻이다. 프레데릭 크리스티안 덴마크
왕세자가 2004년 메리 도널드슨 왕세자비와 결혼할 때에도 로
얄코펜하겐이 혼수용 식기를 만들었다.

한국에는 1994년 진출했다. 현재 서울, 경기, 부산, 대구, 여
주 등에 매장 19개를 운영한다. 이미 국내 슈퍼리치 사이에서
로얄코펜하겐은 필수템으로 자리 잡았다. 아시아 내에서 한국
시장 규모가 일본 다음으로 두 번째로 크다. 절대적인 크기만
보면 일본이 훨씬 앞서지만 성장 속도를 보면 한국의 존재감이
만만치 않다. 로얄코펜하겐이 지난 2013년 외국 럭셔리 식기 브
랜드 중에서는 드물게 밥그릇, 국그릇 등 한식기를 선보인 배경
이다. 현재 총 7개 라인에 한식기가 포함돼 있다. 2019년 5월에
는 한국 진출 25주년을 기념해 한국 야생화를 모티브로 만든 라
인 '플로라 코리아니카'를 선보였다. 제품별 가격이 200만~400
만 원대로 덴마크에서만 생산한다.

가격이 10만 원 이하인 엔트리급 상품도 있지만 슈퍼리치가
특히 관심을 보이는 컬렉션은 가격이 어마어마하다. '플로라 다

슈퍼리치 사이에서 특히 인기 있는 '플로라 다니카' 라인. '덴마크의 식물도감'이라는 뜻이다. 1790년대 덴마크 왕이었던 크리스티안 7세가 러시아 여제 예카테리나 2세에게 보낼 선물로 로얄코펜하겐에 주문하면서 탄생했다.

니카Flora Danica' 라인이 대표적이다. '플로라 다니카'는 '덴마크의 식물도감'이라는 뜻. 1790년대 덴마크 왕이었던 크리스티안 7세가 러시아 여제 예카테리나 2세에게 보낼 선물로 로얄코펜하겐에 주문하면서 탄생했다. 지금도 덴마크 왕실에서 사용하는 컬렉션으로 접시 하나 가격이 200만 원대부터 시작한다. 접시는 사실 저렴한 편이다. 접시보다 만드는 데 시간이 오래 걸리고 작업 난이도도 높은 티포트나 와인쿨러, 과일바구니 등은 1000만~7000만 원대를 넘나든다.

'플로라 다니카' 컬렉션도 '플로라 코리아니카'와 마찬가지로 덴마크에서만 생산하는데 초고가 라인답게 만드는 과정이 굉장히 섬세하다. 접시 한 개 만드는 데 최소 장인 5~6명이 꼬박 일주일가량을 달라붙는다. 제품에 들어가는 식물 그림(플라워 모

제품에 들어가는 플라워 모티브는 전문 페인터가 수작업으로 그린다.

티브)은 전문 페인터가 수작업으로 그린다. 붓질 수천 번을 해야 완성된다나. 게다가 이걸 해낼 수 있는 페인팅 장인은 덴마크에 총 13명밖에 없다. 접시 테두리는 24k 금으로 도

플로라 다니카 아이스펠. 장인이 손수 제작하기 때문에
세상에 똑같은 플로라 다니카 제품은 없다고 말한다.

금하는데 이 작업은 전문 골드페인터가 담당한다. 덴마크 내에 딱 두 명뿐이다. 모든 플로라 다니카 제품 바닥에는 식물 그림을 그린 장인과 테두리를 도금한 장인의 이니셜이 새겨져 있다. 이로 인해 세상에 똑같은 플로라 다니카 제품은 없다는 말이 나오기도 한다.

약간의 커스터마이징도 가능하다. 접시 중앙에 들어가는 그림은 식물 3000여 종이 수록된 도감에서 고객 마음에 드는 것으로 선택할 수 있다. 과거 한 고객은 독실한 불교 신자라 보리수나무를 선택했다고.

이 밖에 슈퍼리치 사이에서 가장 대중적인 제품군으로 꼽히는 컬렉션은 '블루 풀 레이스', '블루 하프 레이스', '블루 플레인'인데 이들 역시 가격대가 상당하다. 예를 들어 '블루 풀 레이스'는 30만~40만 원대 컵, 30만~100만 원대 접시와 티포트 등으로 구성됐다. '블루 플레인'은 접시 한 장당 붓질 1197번을 해야 완성되는 라인으로 40만 원대 티포트, 30만 원대 접시 등으로 이뤄졌다.

낱개로 구매해도 수십~수백만 원, 세트로 구매하려면 적게는 수천만 원부터 많게는 1억 원 이상을 들여야 하는 로얄코펜

슈퍼리치 사이에서 가장 대중적인 제품군으로 꼽히는 '블루 플레인'.

패턴을 큼직하게 그린 '블루 메가'를 비롯한 일부 제품은 남성 소비자에게도 인기가 높다.

하겐. 단골 고객은 어떤 사람들일까.

덴마크 왕족 이외에도 수많은 슈퍼리치가 애용한다. 직업으로 보면 전문직 종사자나 기업 임원, CEO가 주를 이룬다. 성별로 보면 여성이 압도적으로 많다. 한국 로얄코펜하겐 관계자는 "패턴을 넣지 않고 파란색을 주로 활용한 '블루 플루티드' 시리즈나 패턴을 큼직하게 그린 '블루 메가'를 비롯한 일부 제품은 남성 소비자 비율이 높다. 그러나 전체적으로 보면 여성 고객이 훨씬 많다"고 설명했다. 연령대는 30~50대까지 비교적 폭넓게 분포돼 있다. 30대 고객 중에는 결혼을 앞둔 사람이 다수다. 어머니, 할머니와 함께 매장을 방문하는 고객도 많다. 본인이 쓰던 제품을 자녀나 손자, 손녀에게 물려주는 일도 다반사다.

슈퍼리치가 로얄코펜하겐에 열광하는 이유는 여러가지다. 한국로얄코펜하겐 측은 "덴마크 왕실에서 시작된 브랜드로 244년이나 되는 역사와 전통을 갖췄다는 점이 가장 큰 매력을 느끼는 포인트로 판단된다"고 분석한다.

고객 관리에 공을 들인다는 점도 슈퍼리치를 사로잡은 비결이다. 2018년까지 한국로얄코펜하겐은 VIP 고객을 대상으로 매년 상반기에 한 번, 하반기에 한 번씩 티타임 강좌를 열었다. 티 소믈리에 강사가 차를 제대로 우리는 방법, 상황이나 취향에 맞게 차를 즐기는 방법 등을 알려주는 수업이다. 물론 강좌에는 로얄코펜하겐에서 만드는 고가 제품 라인이 사용됐다. 슈퍼리치 고객 입장에서는 수억 원어치 테이블웨어를 이용해볼 수 있고 다른 VIP 고객과 교류도 할 수 있는 기회라 반응이 좋았다고. 2019년에는 '플로라 코리아니카'를 시장에 내놓기 전 VIP 고객을 초대해 제품을 먼저 보여주고 판매하는 행사를 열었다. 이 밖에 구입 후 2년 내 제품이 파손되면 무상으로 교환해주는 제도를 2012년부터 운영하고 있다.

디자인도 슈퍼리치 구미를 당기는 요인이다. 로얄코펜하겐은 유명 건축가, 디자이너 등과 협업을 활발하게 하기로 유명하다. 그간 네덜란드 아티스트 바우터 도크를 비롯한 수많은 예술가가 로얄코펜하겐 제품을 디자인했다.

로얄코펜하겐이 한국에 들어온 지 25주년이 되는 2019년, 한국 야생화를 모티브로 '플로라 코리아니카' 라인을 만들었다. 자운영 접시(좌)와 꿩의 비름 컵앤소서(우).

플로라 코리아니카 참나리 접시(좌)와 금낭화 컵앤소서(우).

제품을 오랫동안 쓸 수 있도록 디자인한다는 점도 특징이다. 오랜 역사를 보유한 브랜드인 데다 고객 중 상당수가 제품을 자녀에게 물려줄 것을 염두에 두고 구입하는 만큼 로얄코펜하겐은 새로운 컬렉션을 선보일 때 기존 라인과 조화를 중요한 요소로 생각한다. 한국로얄코펜하겐 관계자는 "전통적인 스타일을 유지하되 모던함을 가미하는 방식으로 새로운 제품을 만든다. 이로 인해 다양한 연령대 고객으로부터 호평을 받는다. 몇 십 년에서 몇 백 년의 시차를 두고 만든 제품이 서로 조화를 이룬다는 점도 신선하게 다가가는 것 같다"고 풀이했다.

셀럽이 선택한 침구

크라운구스

3억2000만 원. 발품만 잘 팔면 서울에서 작은 아파트 한 채를 살 수 있는 돈이다. 자동차 애호가라면 슈퍼카에 눈독을 들일 수도 있겠다. 그런데 이 금액에 판매되는 이불 세트가 있다면? '크라운구스CROWN GOOSE' 이야기다. 크라운구스는 럭셔리 침구류 브랜드. 지난 2014년 탄생했다. 서울 청담동과 미국 LA, 하와이 등에 부티크 매장을 운영한다. 2019년 에미 어워즈 라운지파티, 코첼라 밸리 뮤직&아츠 페스티벌 프리파티, 프리 오스카 파티 등을 공식후원하기도 했다. 업력은 다소 짧지만 슈퍼리치 사이에서는 벌써부터 '핫'하다.

슈퍼리치가 좋아하는 브랜드답게 크라운구스 제품은 가격대가 매우 높다. 구스다운 이불과 베개, 시트 등으로 구성된 세트 상품이 수천만 원을 호가한다. 수억 원짜리도 있다. 100만~200만 원대에 판매되는 엔트리급 제품도 보유하고는 있지만 슈퍼리치 사이에서 '잇템'으로 통하는 세트는 보통 몇 천만 원대다.

물론 비싼 데에는 이유가 다 있다. 크라운구스는 '비스포크' 서비스를 제공한다. 손님이 원하는 대로 침구를 만들어주는 커스터마이징 서비스다. 고객은 침구 색깔이나 원단 종류는 물론 충전재 종류와 중량, 재봉 방식, 디자인 등을 원하는 대로 선택할 수 있다. 폴란드, 덴마크, 헝가리, 캐나다, 아이슬란드 등 여러 국가 기업과 파트너십을 맺고 있어 자재 원산지도 선택 가능하다.

아티스트에게 의뢰해 침구류에 그림을 넣을 수도 있다. 유명 디자이너와 함께 자신만의 패턴을 제작해 이불에 넣는 것도 가능하다. 슈퍼리치 고객이 선호하는 아티스트를 말하면 크라운구스 비스포크 팀이 대리인으로 나서서 해당 아티스트와 접촉

美 공간, 일상

크라운구스가 유명 아티스트와 협업해 만든 '스페셜 에디션'이다. 미술작가 황주현
과 컬래버를 통해 제작한 '오블리비언'.

해 제안, 협상 등을 진행한다.

유니크한 디자인을 원하지만 특별히 컬래버레이션을 하고 싶은 아티스트가 떠오르지 않는다면 크라운구스가 유명 아티스트와 함께 만든 기존 제품인 '스페셜 에디션'을 선택하는 것도 방법이다. 스와로브스키 크리스털을 활용해 만든 '오버랩오브미닝Overlap of Meaning', 미술작가 황주현과 컬래버를 통해 만든 '오블리비언Oblivion', 패션 디자이너 장광효와 함께 2019 F/W 서울 패션위크에서 선보인 '장광효 에디션' 등이 대표적이다. 가격은 각 에디션마다 다른데 '오블리비언'은 2000만 원에 판매된다.

만약 크라운구스 침구류를 구입하고 싶지만 자신이 무엇을 원하는지 잘 모르거나 세부사항을 정하는 것이 번거롭다면? 걱정할 필요 없다. 크라운구스 비스포크 팀 소속 전문 컨설턴트가 상담을 통해 고객의 취향, 성격, 라이프스타일, 집 인테리어 등을 파악한 뒤 여기에 맞는 상품을 제안한다.

크라운구스 매장은 철저하게 예약제로 운영되는데 이는 비스포크 서비스를 제대로 제공하기 위해서다. 고객이 만족할 만한 제품을 만들어내려면 취향, 요구사항 등을 정확하게 파악해야 하기 때문. 상담에 충분한 시간을 들이는 것은 기본이다. 고객

패션 디자이너 장광효와 함께 2019 F/W 서울 패션위크에서 선보인 크라운구스 '장광효 에디션'.

이 마음 편하게 이야기할 수 있는 환경을 만들어주는 것도 필수다. 크라운구스 관계자는 "다른 고객이 기다리고 있거나 매장을 구경하는 손님이 있다면 아무래도 타인 시선을 신경 쓰게 된다. 고객이 남을 의식하지 않고 원하는 바를 자세하게 말할 수 있도록 예약제를 채택했다"고 설명했다.

VIP 고객에게 주어지는 특전도 다양하다. '클럽 크라운'의 VIP 멤버로 선정되면 크라운구스에서 선보이는 리미티드 컬렉션(한정판)을 누구보다 먼저 만나볼 수 있다. 각종 문화예술 이벤트와 브랜드 파티에도 초대된다. 브랜드 파티는 크라운구스가 직접 주최하는 행사로 아티스트와의 컬래버레이션으로 탄생한 제품 등을 소개하고 VIP 회원끼리 교류할 수 있는 기회를 제공한다.

수천만 원을 지불하며 크라운구스 침구를 사 가는 이들은 누굴까. 최근 가장 이슈가 된 고객은 미국 메이저리그에서 이름을 날리는 야구선수 추신수다. 비스포크 서비스를 통해 '추신수 에디션'을 제작했는데 가격이 무려 3억2000만 원이나 된다. 그가 채택한 충전재는 아이더다운인데 아이슬란드에서만 구할 수 있고 1년에 이불 1000채가량만을 만들 수 있을 정도로 소량 채취

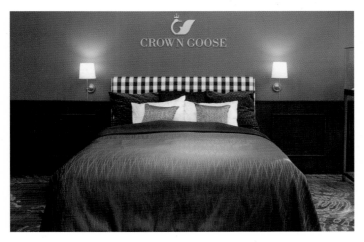

추신수 선수가 비스포크 서비스를 통해 제작한 '추신수 에디션'. 충전재는 아이슬란드에서만 구할 수 있는 최고급 아이더다운을, 원단은 독일제 실크를 선택했다.

스와로브스키 크리스털을 활용해 만든 스페셜 에디션 '오버랩오브미닝'.

되는 소재다. 현존 이불 충전재 중 보온력이 가장 뛰어나다고 평가받는다. 영국, 덴마크 등의 왕실에서 쓰이는 침구에 들어가는 재료다.

원단은 독일제 실크를 선택했다. 디자인에는 추신수 선수의 취향은 물론 성격 등이 반영됐다. 크라운구스 비스포크 팀은 "추신수 선수는 도전적인 이미지가 강하다. 투수로 시작해 타자로 포지션을 바꿨고 국내에서도 충분히 높은 연봉을 받으며 선수 생활을 할 수 있었음에도 미국으로 건너가 마이너리그에서부터 시작해 메이저리그에 입성했다. 추신수 에디션 역시 혁신적인 느낌, 강한 느낌이 특징"이라고 설명하며 "추신수 에디션은 크라운구스 비스포크 팀이 150시간가량을 들여 만든 작품이다. 제품을 공개하는 행사에 추신수 선수가 직접 참석하면서 관심을 모았고 몇몇 고객으로부터 구매 문의가 와 현재 판매를 위해 상담을 진행 중"이라고 전했다.

추신수 선수 외에도 유명인사 고객이 많다. 운동선수 중에서는 야구선수 양의지와 2006년 도하 아시안게임 골프 금메달리스트인 김도훈, 2010년 밴쿠버 동계올림픽 쇼트트랙 2관왕 이정수, 국가대표팀에서 활약한 축구선수 김신욱, 김진수, 이근

美 공간, 일상

호 등이 고객이다. 연예계에서는 가수 바다와 그룹 다비치의 강민경과 이해리, 배우 김지석과 하석진, 각종 예능에서 MC로 활동 중인 전현무 등이 크라운구스 제품을 사용한다.

특히 전현무는 크라운구스 애호가로 알려졌다. '코르돈 컬렉션', '라 도레 컬렉션' 등 다양한 제품을 쓴다. 배우 하석진은 전현무로부터 추천을 받아 크라운구스 침구를 구매하게 됐다고. 래퍼 도끼 역시 고객이다. 도끼는 롤스로이스, 벤틀리, 람보르기니를 비롯한 자동차를 여럿 소유하고 있고 한때 월 숙박료가 2억 원이나 되는 호텔 펜트하우스에 거주한 적이 있는 소문난 연예계 슈퍼리치다. 이 밖에 예능 프로그램 〈냉장고를 부탁해〉 등으로 이름을 알린 프랑스 요리 전문가 오세득 셰프도 2017년 웨딩마치를 울리며 신혼집에 크라운구스 침구를 들여놨다. 켄드릭 라마, 스눕 독, 50센트, 닥터 드레를 포함한 해외 유명인사 고객도 상당수다.

크라운구스 관계자는 "운동선수와 연예인 외에도 기업 임원과 CEO 사이에서 인기다. 이름만 대면 누구나 알 법한 기업인과 정계 인사 등 다양한 인물이 침실에 크라운구스 침구를 들여놨다. 혼수용품으로 구매하는 젊은 슈퍼리치도 상당수"라고 덧붙인다.

고급 호텔이나 리조트 중에도 크라운구스 이불을 들여놓은 곳이 꽤 된다. 국내에서는 씨엘드제주가 대표 사례다. 대표적인 해외 협력사로는 일본의 히야쿠나가란, 터키의 술탄케이브스위트, 스위스의 눌스턴호텔을 꼽을 수 있다. 이 밖에 그랜드힐튼호텔, 프랑스 아코르그룹 그랜드머큐어호텔, 쉐라톤팔래스호텔 등도 크라운구스 협력사다.

크라운구스 측은 "세상에 단 하나밖에 없는 침구류를 만들어주는 비스포크 서비스는 고객에게 특별한 경험을 선사한다. 이불을 단순히 잘 때 덮는 것으로만 보지 않고 예술의 영역으로 끌어올린 스페셜 에디션 역시 다른 곳에서 쉽게 찾아볼 수 없다. 슈퍼리치 입맛에 딱 맞는다"며 크라운구스 고객 중 슈퍼리치 비율이 높은 이유를 설명했다.

거실 안으로 들어온 슈퍼카

람보르기니 안마의자

2018년 7월, 중국에서 카지노를 운영하는 한 슈퍼리치는 서울 청담동에 위치한 바디프랜드 직영매장 '카페 드 바디프랜드'를 방문했다. '람보르기니 안마의자'를 이용해보기 위해서다. 이 슈퍼리치는 체험을 마친 뒤 그 자리에서 바로 람보르기니 안마의자 다섯 대를 구매했다.

람보르기니 안마의자가 슈퍼리치 사이에서 '머스트 해브 아이템'으로 떠오르고 있다. 이름 그대로 바디프랜드가 슈퍼카 람보르기니 제작사 오토모빌리 람보르기니와 협업해 만든 제품이다. 2017년 라이선스 계약을 맺고 연구개발(R&D)에 들어가 2018년 5월 말 시장에 내놨다. R&D, 디자인 등에 들어간 비용이 무려 3000만 달러(약 340억 원)나 된다. 게다가 중국에서 생산되는 다른 바디프랜드 제품과 달리 람보르기니 안마의자는 한국에서 만든다. 그만큼 가격이 세다. 소비자가가 무려 2970만 원. 기존 바디프랜드 안마의자가 300만~400만 원대에 판매되며 가장 비싼 제품도 700만 원대 초반이라는 점을 감안하면 적게는 4배, 크게는 10배가량 비싸다는 계산이 나온다. 그럼에도 슈퍼리치 사이에서 관심이 끊이지 않는다.

이쯤 되니 궁금해진다. 슈퍼리치가 람보르기니 안마의자에 관심을 보이는 이유는 뭘까. '카페 드 바디프랜드' 매장에 방문해 람보르기니 안마의자를 직접 써봤다.

'화려하다.'

람보르기니 안마의자를 보자마자 든 생각이다. 그도 그럴 것이 일단 색깔이 시선을 사로잡는다. 보통 안마의자는 검은색이나 흰색, 베이지색, 갈색 등이다. 람보르기니 안마의자는 파란색, 노란색, 빨간색 세 가지다. 튀는 색을 채택한 만큼 자연스럽게 이목을 집중시킨다. 디자인도 돋보인다. 람보르기니와 협업

美 공간, 일상

사진제공 바디프랜드

람보르기니 안마의자는 파란색, 노란색, 빨간색 세 가지다. 람보르기니와 협업한 제품답게 곡선
보다는 직선을 많이 활용했다. 시트도 람보르기니 자동차 의자를 만드는 데 쓰는 것과 같은 소가
죽 원단으로 만들었다.

한 제품답게 곡선보다는 직선을 많이 활용했다. 날렵하다는 인상이 강하게 든다. 시트도 람보르기니 자동차 의자를 만드는 데 쓰는 것과 같은 소가죽 원단으로 만들었단다. 설명을 듣고 보니 람보르기니 의자에 들어가는 육각형 패턴이 안마의자에도 들어가 있다.

구경 끝. 이제 실제로 써볼 차례다. 신발을 벗고 의자에 앉았다. 등 부분이 깊어 의자가 몸을 감싸주는 느낌이 들고 편안하다. 일단 첫 느낌은 합격. 전원 버튼을 누르니 '부릉부릉' 하며 자동차 엔진 소리가 난다. 마치 실제로 스포츠카에 타 시동을 거는 느낌이 든다.

안마 기능을 이용하기 위해 리모컨을 보니 '자동안마', '수동안마', '에어안마', '스마트케어', '슈퍼카 모드' 등 총 다섯 가지 기능이 있다. 이 중 람보르기니 안마의자에만 있다는 슈퍼카 모드와 스마트케어를 이용해봤다.

처음은 슈퍼카 모드. 버튼을 누르니 자동차 배기음이 들리며 안마가 시작된다. 엔진 소리가 들리는 데다 의자 높낮이가 자주 바뀌어 슈퍼카를 타고 드라이브를 하는 것과 비슷한 느낌을 준다. 휴식보다는 재미를 위한 모드로 판단된다.

美 공간, 일상

다음으로 써본 기능은 스마트케어. '스마트케어'라고 쓰여 있는 버튼을 누르자 '힐링 마사지', '브레인 마사지', '라이팅 테라피' 세 가지 메뉴가 뜬다. 이 중 가장 위에 있는 힐링 마사지를 선택해봤다. 심전도를 측정해 이를 기반으로 스트레스 수치를 계산하고 여기에 맞게 마사지를 해주는 기능이다. 스트레스 지수가 높게 나오면 안마 강도가 강해지고 지수가 낮게 측정되면 안마 강도가 약해지는 방식이다.

'힐링 마사지' 버튼을 누르자 스트레스 수치를 잴 수 있도록 '리모컨을 양손으로 잡고 최대한 움직이지 말라'는 안내문이 나온다. 리모컨을 들고 편안한 자세로 잠시 기다리자 측정이 끝났다는 음성이 나온다. 화면을 보니 '스트레스 지수 높음'이라는 글귀가 떠 있다. 예상했던 결과지만 어쩐지 씁쓸하다.

마음을 다잡고 '힐링 마사지 시작'이라는 버튼을 눌렀다. 체형에 맞게 의자 각도가 바뀌더니 안마가 시작되며 음악이 나온다. 의자 각도와 안마 강도, 음악 소리 크기 등은 안마 도중 언제든 원하는 대로 바꿀 수 있다. 안마의자에 몸을 맡긴 채 눈을 감고 음악을 들었다. 시원하다는 느낌은 기본, 클래식 느낌이 물씬 풍기는 음악을 들으니 마음이 평온해진다. 음향도 중저음이 풍부한 것이 취향에 꼭 맞는다. 이게 바로 '귀르가즘(듣기 좋은 소리를 통해 느끼는 즐거움)'인가 싶다. 과거에 이용해본 다른 안마의자 스피커와는 차원이 다르다. 나중에 설명을 들어보니 5.1채널 입체 사운드 스피커가 8개나 들어갔단다. 블루투스를 연결해 자신의 휴대전화 등으로 노래를 듣는 것도 가능하다고.

힐링 마사지를 받고 나서 혹시나 싶은 마음에 스트레스 지수를 다시 한번 측정해봤다. 안마와 음악이 정말 효과가 있었던 것일까. 두근두근 떨리는 마음으로 리모컨 화면을 확인해보니 '스트레스 지수 보통'이라는 문구가 보인다.

브레인 마사지 메뉴도 이용해봤다. '브레인 집중력'과 '브레인 명상' 두 가지 프로그램이 있는데 음악을 들려주면서 마사지를 해준다는 점은 다른 모드와 똑같다. 그런데 음악이 그냥 평범한 음악이 아니다. 양쪽 귀에 주파수가 다른 소리를 들려준다. 바디프랜드 관계자는 "바디프랜드 소속 음악치료사와 작곡가, 메디컬R&D센터 소속 연구원 등이 협력해 만든 음악"이라며 "뇌를 자극하는 소리를 들려주는 학습보조기 '엠씨스퀘어'와 비슷한 원리라고 생각하면 이해가 쉽다. 엠씨스퀘어는 '뚜뚜뚜뚜' 하는 소리만을 들려준다면 람보르기니 안마의자는 이 소리를 접목한 음악을 들려준다는 점에서 다르다"고 설명한다. 안마 패턴도 집중력 향상과 명상에 알맞게 특화됐다. 예를 들어 집중력 프로그램은 혈액을 뇌 쪽으로 보내 뇌 활성화를 돕도록 아래에서 안마를 시작해 위로 올라가는 식이다.

아무리 비싸고 좋은 기계라지만 30분 정도 연속으로 안마를 받았더니 슬슬 지루해진다. '뭐 재미있는 것 없나'라는 생각을 하며 리모컨을 보니 '무중력'이라는 버튼이 눈에 띈다. 호기심에 눌러봤더니 의자가 뒤로 젖혀진다. 사람이 가장 편안함을 느낀다는 170도 각도로 의자를 설정해 마사지를 해주는 기능이다. 체중을 분산시키고 마사지감을 가장 잘 느낄 수 있게 해주는 각도다.

총평. 스트레스 지수에 맞춰 안마를 해주는 '힐링 마사지', 뇌를 자극하는 소리를 접목한 음악을 들려주는 '브레인 마사지' 등 기존 안마의자에 비해 다양한 모드를 갖췄다는 것이 큰 장점이다. 건강관리와 휴식을 위해서라면 돈을 아끼지 않는 슈퍼리치가 매력을 느낄 만한 포인트다. 특히 전 세계를 누비며 매일 바쁜 일정을 소화해내야 하는 슈퍼리치라면 선뜻 지갑을 열 것 같다.

바디프랜드 측은 "희소성 있는 제품이라는 점도 람보르기니 안마의자가 슈퍼리치 사이에서 인기를 끄는 이유"라는 설명을 보탠다. 람보르기니가 선보인 최초의 안마의자인 데다 웬만한 자동차 한 대 값과 맞먹는 가격으로 인해 보통 사람은 구매하기 어렵다. 흔히 볼 수 있는 제품은 아니라는 뜻이다. 희소성을 중시하는 슈퍼리치 입맛에 딱이다.

슈퍼리치, 그들이 알고 싶다 2

Manners makes man!!

사실 대중에 널리 퍼진 슈퍼리치 이미지는 그다지 좋지 못하다. 영화나 드라마를 보면 늘 탐욕스러운 악당으로 묘사되기 십상이다. 그들을 손가락질하며 '돈 ×랄'한다며 비아냥대기도 한다. 하지만 실제로 만나본 슈퍼리치는 달랐다. 겸손함과 소탈함, 타인에 대한 배려가 몸에 배어 있는 사람이 많았다. 늘 먼저 악수를 정중히 청하고 머리를 거듭 숙여 배웅한다. 매장 직원에게도 공손한 말투를 보인다.

대신 호기심이 많다. 궁금한 것이 있으면 바로바로 물어보고, 처음 보는 제품과 서비스에 흥미를 갖는다. 지금까지 굉장히 많은 것을 경험해봤기 때문에 '새로운 무언가'에 열광한다.

> "젊은 층이나 나이 드신 층이나 상관없이 공통적으로 매우 겸손하고 매너가 좋은 특징을 가지고 있다."
>
> —전태규 맥캘란 브랜드 앰버서더

> "결혼 당사자들의 만족도 물론 중요하지만, 무엇보다 하객의 입장과 불편을 가장 먼저 염두에 두고 결혼 준비를 한다. 묵을 객실이나 교통수단 등 모든 부분을 세심하게 준비한다."
>
> —전혜윤 힐튼부산 웨딩&소셜이벤트 지배인

슈퍼리치는 짠돌이?

마냥 펑펑 쓸 것 같지만 이 또한 사실과 다르다. 비싸고 좋은 것만 사고 이용하느냐 하면 이건 또 아니었다. 1억 원짜리 세계여행을 다니는 해외 슈퍼리치는 오히려 광장시장에서 어묵국물에 소주, 마약김밥을 먹는 데 열광하기도 했다. 수백만 원짜리 파인다이닝보다, 한국에서만 즐길 수 있는 '고추장 만들어 먹기 체험'에 더 후한 점수를 준다. 또 의외로 적은 돈에도 민감하다는 점도 재밌었다. 고액 자산가인 만큼 소액은 하찮게 여길 것이라 생각했지만 실상은 달랐다. 카드 할인이나 포인트 적립 혜택 등을 꼼꼼히 챙기고 아무리 적은 돈도 허투루 쓰지 않는 점이 눈에 띄었다. "950만 원이 생기면 보통 사람은 그대로 두거나 50만 원을 쓰지만 슈퍼리치는 50만 원을 더 만들어 1000만 원에 맞춘다"는 한 PB 말도 기억에 남는다.

물건 하나를 사더라도 더 신중하게 고민하고 충동구매는 잘 하지 않는다. 그래서인지 이벤트에 초대되는 것을 불편해하고 사람들이 방문하지 않을 때 조용히 둘러보고 쇼핑하는 것을 선호하는 슈퍼리치가 많다.

> "잔돈에 대해서 오히려 깐깐하다. 팁이나 수고비에 대해서는 후하지만 소비 관점에서 그렇다는 얘기다. 가성비에 대해 의외로 집착하시는 분들이 많다. 돈에 대한 가성비뿐만 아니라 소요되는 시간과 노력의 대가, 이른바 '가심비'를 따진다."
> −남상무 씨마크호텔 총지배인

> "비용을 아낌없이 쓴다기보다, 모든 아이템에 디테일하게 그 금액을 지불할 만한 가치가 있는지 호텔 측 제안을 꼼꼼하게 고려한 후 결정을 내린다."
> −전혜윤 힐튼부산 웨딩&소셜이벤트 지배인

세계 부자 순위는?

세계에서 가장 부자는 누구일까?

미국 경제지 《포브스》에 따르면 2018년 기준 제프 베조스 아마존 최고경영자(CEO)가 세계 부자 순위 1위다. 순 보유자산은 1310억 달러다. 빌 게이츠 마이크로소프트 창업자(965억 달러)와 워런 버핏 버크셔 해서웨이 회장(825억 달러)이 각각 2위, 3위를 기록하며 뒤를 이었다.

이 밖에 마크 저커버그 페이스북 CEO(8위, 623억 달러), 구글 공동 창업자 래리 페이지(10위, 508억 달러)와 세르게이 브린(14위, 498억 달러), 중국 알리바바그룹 마윈 회장(21위, 373억 달러), 엘론 머스크 테슬라 CEO(40위, 223억 달러) 등 유명 기업인 여럿이 이름을 올렸다.

한국 기업인 중에서는 이건희 삼성전자 회장(65위, 169억 달러)이 가장 순위가 높다. 서정진 셀트리온그룹 회장(181위, 81억 달러), 이재용 삼성전자 부회장(215위, 69억 달러), 김정주 NXC 대표(공동 244위, 65억 달러), 정몽구 현대차그룹 회장(공동 452위, 43억 달러) 등도 순위에 올랐다.

가장 어린 억만장자는 미국 모델 겸 화장품 사업가 카일리 제너다. 1997년생으로 2019년 기준 22세다. 자수성가한 억만장자라는 점도 눈길을 끈다. 사진이나 동영상을 공유하는 SNS '스냅챗'을 운영하는 기업 스냅의 창업자 겸 CEO 에반 스피겔도 20대 자수성가 억만장자다.

休

쉼, 여행

"슈퍼리치들은 호기심이 많다. 궁금한 것이 있으면 바로바로 물어보고, 처음 보는 제품과 서비스에 흥미를 갖는다. 지금까지 굉장히 많은 것을 경험해봤기 때문에 '새로운 무언가'에 열광한다."

슈퍼리치 이색 여행

전용기 · 열기구 · 무중력체험 · 에베레스트

'억' 소리가 절로 난다. 슈퍼리치들의 여행을 두고 하는 말이다. 뭐든 그렇지만 슈퍼리치는 휴일도 남다른 방식으로 보낸다. 하룻밤에 수백만 원이 드는 기차 여행은 기본이고 열기구 횡단, 무중력 체험 등 색다른 경험도 즐긴다. 화려하고 독특한 슈퍼리치 여행의 세계는 어떤 것일까.

1억5500만 원. 포시즌스가 판매하는 '프라이빗 제트 투어' 가격이다. 세상에서 가장 비싼 패키지 여행으로 알려졌다. 이름 그대로 전용기를 타고 세계를 돌아다니는 상품이다. 2018년 프라이빗 제트 투어는 총 세 가지 코스로 구성됐다. 미국 시애틀에서 출발해 일본 교토, 인도네시아 발리, 모로코 마라케시 등 9개 도시를 방문하는 '월드 오브 어드벤처', 하와이 코나에서 출발해 4개 대륙 9개 도시를 방문하는 '타임리스 인카운터', 아시아와 아프리카, 유럽을 방문하는 '인터내셔널 인트리그' 등이다. 그야말로 억 소리 나는 가격에도 "타임리스 인카운터는 이미 완판됐으며 인터내셔널 인트리그는 예약률 80%를 넘겼다"는 포시즌스 관계자 설명을 들으면 얼마나 인기가 많은지 실감하게 된다.

'프라이빗 제트 투어'에서 가장 주목받는 요소는 단연 비행기. 1600억 원짜리 보잉757을 개조했다. 약 200명이 탈 수 있는 비행기를 총 52석으로 바꾼 터라 각 좌석 공간이 넉넉하다. 52석 전체가 퍼스트클래스라고 생각하면 이해가 쉽다. 소재도 고급이다. 독일제 가죽으로 만들었다. 바닥에 깔아놓은 카펫은 네덜란드 암스테르담에서 베틀을 이용해 만든 수제 카펫이다. 여기에 몽골산 캐시미어 담요와 영화, 드라마, 음악, 여행지 정보 등이 담긴 아이패드도 제공된다. 아이패드는 마음에 들면 여행 후

　　　　　　　　　　　　　　　　　　　　休 쉼, 여행

'프라이빗 제트 투어'는 전용기를 타고 세계를 돌아다니는 여행상품이다. 200명이 탈 수 있는 보잉757을 총 52석으로 개조했고 독일제 가죽으로 만든 넉넉한 공간의 좌석을 갖췄다. 제공되는 아이패드는 마음에 들면 여행 후 가져가도 된다고.

가져가도 된다. 보스BOSE 노이즈 캔슬링 헤드폰도 좌석마다 비치돼 있다.

기내식도 남다르다. 포시즌스 수석 셰프가 동행해 고객 요구, 혹은 여행 테마에 알맞은 음식을 만들어준다. 포시즌스 측은 "상하이의 풍미를 맛보고 싶다는 한 부부의 요청에 20가지 요리로 구성된 코스를 선보인 적도 있다"고 귀띔했다. 컨시어지 서비스를 제공하는 여행 디렉터도 동행해 고객 취향에 맞게 일정도 짜준다. 선택할 수 있는 여행 옵션으로는 인도 뭄바이 상공에서 열기구 타기 등이 있다.

리츠칼튼은 요트 크루즈를 선보이기 위해 준비하고 있다. 전용 발코니를 갖춘 스위트룸 149개와 138m² 규모 펜트하우스 두 개로 이뤄진 크루즈 요트를 타고 지중해, 북유럽, 카리브해, 남미 등을 여행하는 상품이다. 미쉐린 3스타 셰프 스벤 엘버펠드가 운영하는 레스토랑 '아쿠아'가 입점을 계획하고 있으며 리츠칼튼호텔 시그니처 스파와 와인바를 포함한 다양한 시설을 이용할 수 있다. 여행 기간은 7~10일 사이. 2018년 5월부터 예약을 받으며 2019년부터 항해를 시작할 예정이다. 원한다면 요트를 통째로 빌릴 수도 있다.

休 쉼, 여행

인도 마하라자 열차도 호화스럽기로 정평이 났다. 7박 8일짜리 여정인 '인디안 스플렌더' 최고급 열차칸 프레지덴셜 스위트 가격은 2만3700달러(약 2570만 원). 1박에 370만 원 정도 든다는 얘기다. 가장 저렴한 '디럭스 캐빈'은 5980달러(약 650만 원)로 하룻밤 가격이 93만 원가량 된다. 타지마할, 란탐보르 국립공원 등을 방문하는 프로그램으로 프레지덴셜 스위트 투숙객은 24시간 비서 서비스, 경유지에서의 자동차 투어 등을 제공받는다.

리처드 브랜슨 버진그룹 회장이 소유한 섬 네커 아일랜드 역시 슈퍼리치 사이에서 인기 많은 휴양지다. 가수 머라이어 캐리와 자넷 잭슨 등이 자주 네커 아일랜드를 찾는다. 구글 창업자인 래리 페이지는 이 섬에서 결혼식을 올리기도 했다. 성인 두 명이 7박 8일간 묵는 데 드는 비용은 3만730~4만9530달러(약 3350만~5400만 원). 하룻밤에 480만~770만 원이라는 계산이 나온다. 윈드서핑이나 카이트서핑, 카약, 스노클링 등 다양한 수상 레포츠 장비가 포함된 가격이다. 섬 전체를 빌리는 것도 가능하다. 가격은 하루에 8만 달러(약 8712만 원).

무중력 체험도 슈퍼리치 사이에서 인기다. '살림의 여왕' 마

에베레스트는 다른 곳에서 느낄 수 없는 수준의 성취감과 경이로움을 선사한다. 등반에 필요한 비용은 7000만~1억 원 수준. 큰돈이 드는 힘든 여정이지만 기꺼이 사서 고생하는 슈퍼리치들이 꾸준히 등장하고 있다.

사 스튜어트 등이 무중력 체험에 나선 바 있다. 국내에서는 예능 프로그램 〈무한도전〉이 유재석, 박명수, 정준하 등이 무중력 상태를 체험하는 장면을 방송해 관심을 모은 적이 있다. 무중력 상태를 경험하기 위한 절차는 생각보다 간단하다. 오리엔테이션 비디오를 본 뒤 특별 제작된 보잉727 비행기에 탑승하면 된다. 비행기가 이륙 후 적절한 고도까지 도달하는 데 걸리는 시간은 30분가량. 승무원 안내에 따라 체험존으로 이동하면 비행기가 포물선을 그리며 움직인다. 이를 통해 약 8분 동안 무중력 상태를 느낄 수 있다. 한국에서는 하나투어 '제우스월드'에서 무중력 체험 여행상품을 판매하는데 최소 1000만 원 이상 들어간다. 17만3250달러(약 1억8800만 원)를 지불하면 무중력 체험 전용 비행기를 전세 낼 수도 있다.

극한 체험을 즐기는 슈퍼리치 중엔 에베레스트 등반에 도전하는 이들도 다수다. 국내 유명인사 중에서는 정영훈 K2코리아 대표와 박종원 전 코리안리 사장 등이 에베레스트를 방문했다. 서기석 유라시아트렉 대표에 따르면 에베레스트산을 오르는 데 드는 비용은 7000만~1억 원. 등산이 상대적으로 저렴한 취미생활이라는 인식이 강하다는 점을 감안하면 입이 떡 벌어지는 가격이다.

비싼 이유는 간단하다. 준비할 게 많아서다. 네팔 정부로부터 등반 허가를 받는 데만 1000만 원 정도가 들어간다. 등반하는 동안 필요한 산소통과 음식 등을 산까지 운반해야 하고 길을 안내해줄 셰르파(등산 안내자)도 구해야 한다.

서기석 대표는 "에베레스트는 '신이 허락한 자만이 오를 수 있는 산'이라 불린다. 다른 곳에서 느낄 수 없는 수준의 성취감과 경이로움을 선사한다. 극한 상황을 계속 겪다 보니 자신을 되돌아볼 기회도 많다. 큰돈이 드는 힘든 여정이지만 기꺼이 수천만 원을 내고 사서 고생하는 슈퍼리치들이 꾸준히 등장하는 이유"라고 설명했다.

슈퍼리치 중에는 본인이 직접 기획한 이색 여행을 즐기는 이들도 많다. 괴짜 CEO로 통하는 리처드 브랜슨 회장이 대표적인 예다. 리처드 브랜슨 회장은 가장 좋아하는 이동수단으로 열기구를 꼽는다. 1987년 미국 메인주 슈가로프에서 스코틀랜드까지 2900마일(약 4670km)이나 되는 거리를 열기구를 타고 이동한 데 이어 1991년에는 열기구를 타고 태평양을 횡단하기도 했다. '네커 님프Necker Nymph'라고 불리는 수중 항공기도 보유하

休 쉼, 여행

고 있다. 자신 소유의 섬 네커 아일랜드에서 종종 네커 님프를 타고 수중 탐험에 나선다고. 네커 님프를 만드는 데에는 41만 5000파운드(약 6억3000만 원)가 들어갔다. 리처드 브랜슨 회장은 세계 최초로 민간 우주여행사 '버진갤럭틱Virgin Galactic'을 설립하기도 했다.

〈타이타닉〉, 〈터미네이터〉, 〈아바타〉를 비롯해 수많은 명작을 만들어낸 영화감독 제임스 카메론도 색다른 여행을 즐기는 것으로 알려졌다. 카메론 감독이 무려 1000만 달러(약 108억 원)를 들여 잠수함 '딥씨 챌린저Deep Sea Challenger'를 구매해 심해 탐사에 나선 일화는 유명하다. 카메론 감독은 이 잠수함을 이용해 내셔널지오그래픽과 함께 해양 탐사 다큐멘터리 〈딥씨 챌린지〉를 제작하기도 했다.

베스트셀러 《격의 시대》 저자 김진영 교수는 "조 단위 자산을 보유한 슈퍼리치가 시중에 나온 상품 중에서 충분히 만족감을 주는 소비 대상을 찾기는 쉽지 않다. 이에 직접 색다른 여행을 기획하는 사람이 많다"고 설명했다.

바다를 품은 휴식

아난티코브

　슈퍼리치는 어디서 휴가를 보낼까. 국내 최고가 리조트 중 하나인 '아난티코브 펜트하우스 해운대'가 1억 원이 넘는 가격에도 삽시간에 회원권이 동났다는 소식에 눈이 번쩍 뜨인다. 특히 단일 객실로 회원권 45억 원짜리도 팔려 나갔다는 소식에 입이 떡 벌어진다. 아난티코브 펜트하우스를 이용하는 슈퍼리치는 왜 여기에 지갑을 열었을까.

　다음은 어느 슈퍼리치의 일기다.

바닷소리가 귓전을 때린다. 얼마 만인가. 자연의 소리에 파묻혀 온전히 혼자만의 시간을 가져보기가. 몸을 담근 곳은 '아난티 펜트하우스 해운대' 인피니티 풀. 바다와 눈높이가 같도록 몸을 담글 수 있는 수영장으로 개별 룸마다 테라스에 하나씩 있다는 게 인상적이다.

1층 테라스 앞에는 우리만을 위한 작은 정원도 가꿔져 있다. 커피 한 잔을 뽑아 들고 테라스로 나가니, 내가 움직이는 소리를 듣고 아이가 테라스로 뛰어나온다. 자기도 물놀이를 하겠다며 아침부터 수영복 차림이다. 아난티 펜트하우스에는 회원 전용 야외 인피니티 풀이 별도로 있지만 사랑하는 내 아이가 다른 사람들과 부딪치는 게 싫어 주로 테라스 풀에서 아이들과 놀아준다. 아이들이 놀기에 최적의 공간이다.

아난티 펜트하우스는 보통 멤버십으로 운영된다. 연간 30일 이용 기준 1억3500만 원이 기본 회원권이다. 누구와도 공간을 나눠 쓰고 싶지 않아 약 45억 원을 주고 풀 구좌로 제일 큰 객실을 구입했다. 약 460평(1520m²) 규모 복층 구조인 이곳은 국내

리조트 중 최고가다.

넓은 공간도 공간이지만 파티와 미팅, 가족 단위 혹은 회사 워크숍 등 TPO(Time, Place, Occasion)에 따라 다양하게 연출이 가능해 마음에 든다. 침실과 욕실이 각각 4개, 거실과 디너파티를 할 수 있는 공간, 침실 크기만큼 넉넉한 테라스에 파고라와 프라이빗 풀까지 갖춰져 있기 때문이다. 욕실과 파우더룸은 방 크기에 육박할 만큼 공간이 넉넉한 데다 바다를 코앞에 두고 거품목욕을 할 수 있는 자쿠지까지 갖춰놨으니 '여기가 천국인가' 싶다.

거실로 들어선다. 마치 지중해 럭셔리 리조트에 온 듯한 가구가 눈길을 끈다. 라탄 프레임에 가죽 쿠션을 얹은 소파는 국내 어디에서도 보기 힘든 이국적이고 여유로운 분위기를 자아낸다. 아난티 본사에서 심혈을 기울여 자체 제작했다는 설명이다.

우리 가족은 주말마다 아난티를 찾는다. 부산에서 가장 빨리 해가 뜨는 바닷가라 굳이 시계 알람이 울리지 않아도 자연스럽게 눈이 떠진다. 침대에 누워 일출을 맞이할 수 있다는 것은 또 다른 이색 경험이다.

休 쉼, 여행

침실과 욕실이 각각 4개, 거실과 디너파티를 할 수 있는 공간. 침실 크기만큼 넉넉한 테라스에 파고라와 프라이빗 풀까지 갖춰져 있다.

아난티코브 수영장은 110개 이상이다. 이 중 '아난티 펜트하우스 해운대'의 테라스 풀만 90개다.
사진은 '맥퀸즈 풀'에서 바라본 전경.

아난티코브를 찾는 또 다른 이유도 있다. 매년 정기 건강검진을 받고 있기는 하지만 요 근래 들어 계속 눈이 침침하고 피로가 쉬 풀리지 않았다. 딱히 어디가 아픈 것은 아니지만 활력이 예전 같지 않은 듯하다. 버틀러(일일 개인집사)가 소개해준 곳이 아난티타운에 위치한 '닥터오&아난티 프라이빗 클리닉'이다. 이미 서울에 주치의도 있는데 굳이 이곳을 권유하는 게 뭔가 궁금해진다.

닥터오에스와 아난티가 함께 만든 웰에이징 클리닉으로 역시 회원제로 운영된다. 가족 모두의 웰에이징 검진과 보디 관리, 체형교정, 면역치료, 영양치료, 운동치료 등 일대일 맞춤 진료를 통해 건강과 미용을 챙겨준단다. 시설도 인상적이다. 리조트 못지않게 넓고 복도마다 고급스러운 미술작품이 걸려 있어 갤러리에 온 것 같은 평안함이 느껴진다. 바다를 볼 수 있는 통창이 기본이라 자연 속에서 진료를 받는 듯하다. '닥터오&아난티 프라이빗 클리닉' 관계자는 "치료가 목적이 아니라 질병을 예방하고 건강하고 아름다운 삶을 살아가는 데 도움을 주는 클리닉"이라며 다른 병원과 특별히 다른 점을 부각해줬다.

무엇보다 체험해봐야 답이 나올 듯해서 잘하는 서비스를 이용해보기로 했다. 두 아이의 영양 검사다. 아니나 다를까 잘 먹지 않는 둘째 아이의 영양 상태가 불균형으로 나왔다. 의사로부터 아이를 위한 영양제 처방을 받고 식습관 개선에 대한 조언도 들었다. 피곤이 잘 풀리지 않는 내게는 혈액을 깨끗이 정화해주는 광혈 테라피 처방이 내려졌다. 여기에 더해 환절기로 푸석푸석한 피부 미용에 좋은 비타민 테라피와 함께 수소를 활용한 피부관리를 받았다. 더불어 국내에 유일하게 있는 좌식 고압산소 챔버도 체험해봤다. 순도 100% 산소를 흡입하면서 몸에 있는 노폐물이 빠져나가도록 하는 원리란다. 미세먼지로 찌푸릴 때가 많은데 여기 오니 묵은 체증이 한순간에 날아가는 느낌이다.

더불어 눈길을 끄는 것은 면역세포 뱅킹 프로그램. 사람이 건강할 때의 정상적인 면역세포와 피부세포를 별도 보관하고 필요시 보관돼 있던 세포를 갖고 면역기능과 피부를 재생시키는 데 사용할 수 있단다. 사실 평소 나와 아이들은 병원 가는 것은 무척이나 싫어하지만 '닥터오&아난티 프라이빗 클리닉'은 예외라는 생각이 든다. 결국 우리 가족은 '닥터오&아난티'의 연간 1억 원 프리미엄 회원에 가입했다.

가족들의 컨디션을 한껏 끌어올린 후 이번에는 마음의 양식을 채워본다. '이터널 저니'를 통해서다. 2017년 7월 문을 연 부산 아난티코브 북카페로 1650m²(약 500평)의 널찍한 공간에 소장 장서는 2만 권 정도. 비슷한 규모의 서점

북카페 '이터널 저니'는 1650m²의 널찍한 공간에 소장 장서는 2만 권 정도다.

에서는 평균 도서 수가 약 3만5000권 정도 된다. 상대적으로 넉넉한 공간 연출이 가능하다. 책 사이사이를 떨어뜨려 놓은 만큼 여유롭게 책을 골라 읽을 수 있고, 150여 개 좌석 군데군데 앉아 읽어도 된다. 아이들이 좋아하는 영어 동화책을 같이 읽어주면서 이런 기회를 더 자주 가져야겠다는 생각을 했다.

어느덧 시간이 흘러 이제 노을이 바다를 물들이기 시작했다. 붉게 물들어 가는 아난티코브의 바다는 환상이다. 해안 산책로를 따라 아이들과 30분 정도를 걷다 보니 식욕이 돋는다. 최근 오픈한 이연복 셰프의 '목란' 또는 김지운 셰프의 '볼피노' 중 어디로 갈지 행복한 고민을 해본다.

나만의 달리는 호텔

화이트하우스B

캠핑이 인기다. 통계청에 따르면 2011년 60만 명에 불과했던 캠핑 인구는 2018년 600만 명까지 늘었다. 캠핑을 즐기는 슈퍼 리치도 많다. 단 이들의 캠핑은 다르다. 보통 사람들에게 캠핑은 재미있지만 한편으로는 귀찮은 활동이다. 우선 치열한 경쟁을 뚫고 캠핑장을 예약해야 한다. 요리할 음식과 취침·세면 등에 필요한 도구를 바리바리 싸 들고 이동해 텐트를 치고 연기를 마셔가며 화덕에 불을 피우는 것까지 모두 스스로 해야 한다. 슈퍼리치는 무거운 짐을 들고 이리저리 돌아다니거나 번거롭게

休 쉼. 여행

텐트를 설치하고 요리를 하기 위해 숯으로 불을 피우지 않는다. 이 모든 것을 해결해주는 캠핑카를 몰고 다니면 '땡'이다.

최근 관심을 모으는 슈퍼리치용 캠핑카는 메르세데스-벤츠 스프린터Sprinter를 개조한 프리미엄 차량. 특히 다임러트럭코리아 보디빌더(2차 제조사) 업체 화이트하우스코리아가 스프린터 편의기능을 업그레이드해 만든 1억6390만 원짜리 모델 '화이트하우스BWHITE HOUSE B'는 국내 슈퍼리치 취향을 '저격'하며 인기몰이에 한창이다.

'크다.'

화이트하우스B를 보자마자 든 생각이다. 그도 그럴 것이 길이는 약 7m, 너비는 약 2m, 높이는 2m 90cm나 된다. 보통 승용차에 비해 길이는 2m가량 길고 높이는 1.5m 정도 높다. 운전을 해야 한다면 상당히 부담스러울 것 같다. 육두수 화이트하우스코리아 이사는 "슈퍼리치들은 대부분 고용 기사가 있어 운전 걱정 없이 구매한다. 크기가 커서 운전하기 어려울 것 같다고 생각하지만 실제 운전 난이도는 그리 높지 않다. 운전석에 앉아보면 차체가 높아 승차감이 좋고 시야도 넓다. 일반 자동차를 운전하는 데 익숙한 사람이라면 금세 적응한다. 차선이탈방지 시스템, 충돌방지 보조 시스템과 같은 안전기능도 장착됐다. 후방 카메라가 달려 있어 주차도 어렵지 않다. 단 널찍한 공간에 차를 대야 하고 1종 보통 면허가 있어야 한다. 2종 면허로는 운전할 수 없다"고 설명했다. 몸집이 큰 만큼 연비도 낮을 것 같은데 공인 연비가 리터당 7.2km란다. 고속도로에서 주행할 때에는 리터당 10km 정도 된다니 생각보다 나쁘지 않다.

크기 외에 또 눈에 들어오는 것이 있다. 차 위에 봉 같은 것이 달렸다. '어닝'이란다. 이탈리아 브랜드 피아마 제품으로 220만 원을 추가로 내면 설치해준다. 길이는 4m. 날씨 좋은 날 밖에서 테이블을 펴놓고 식사를 하거나 티타임을 즐길 때 쓰면 안성맞춤일 것 같다.

외관 구경 끝. 차 안으로 들어가기 위해 핸들을 당겨 측면 문을 열면 자동으로 문이 열리고 접이식 발판이 등장한다. 호텔 도어맨이 안내를 해주는 것 같은 느낌이 든다. 화이트하우스B를 '달리는 호텔'이라 부르는 이유를 알 것 같다. 문에는 센서가 달려 있다. 닫힐 때 문과 차 사이에 무언가가 끼면 자동으로 다시 열린다.

발판을 딛고 실내로 들어서니 가장 먼저 천장이 높다는 느낌

休 쉼, 여행

이 든다. 바닥부터 천장까지 높이가 1m 90cm가량 된다. 웬만한 사람은 똑바로 일어서서 움직일 수 있다. 구겨지듯 몸을 접어 타야 하는 5000만 원대 저렴한 캠핑카와 확실히 다르다.

내부를 둘러보니 앞쪽에 운전석과 조수석이 있고 2열 시트가 두 개 있다. 그런데 보통 자동차보다 의자가 크다. 비행기 퍼스트클래스 같다. 기본으로 제공되는 것이 아니라 550만 원을 추가로 지불하고 설치하는 'VIP 의전 세트' 의자란다. 의자 왼쪽에 있는 버튼을 누르니 풋레스트가 나타난다. 열선도 당연히 들어갔다. 휴대전화나 책 등을 보관할 수 있는 수납공간도 보인다.

1열 시트 뒤쪽 위에는 32인치 TV가 달려 있다. 일상에 치여 그간 챙겨 보지 못한 영화나 드라마를 빈지 워치binge watch(몰아보기)하다 보면 오랫동안 차를 타고 달려도 지루하지 않을 것 같다. 운전석과 조수석은 180도 회전된다. 차를 멈추고 쉴 때나 캠핑 도중 2열 시트에 앉은 사람들과 마주 보며 담소를 나눌 수 있다.

2열 시트 뒤쪽을 보면 조금 더 '캠핑카스러운' 모습이 펼쳐진다. 길쭉한 소파 두 개가 있고 그 가운데에 테이블이 자리 잡았다. 평소에는 식탁으로 이용하거나 독서 등을 즐길 때 쓰고, 자거나 휴식을 취할 때에는 테이블 측면에 달린 버튼을 눌러 테이

최근 슈퍼리치의 관심을 모으는 캠핑카는 화이트하우스코리아가 메르세데스-벤츠 스프린터를 개조해 만든 '화이트하우스B'다. 캠핑뿐 아니라 이동하며 업무를 보거나, 골프 여행을 갈 때도 편리하게 이용한다고.

차에 100리터짜리 물탱크가 내장돼 버튼만 누르면 물이 나온다. 산속에서 힘겹게 물을 찾아 헤매거나 캠핑장 공용 수돗가, 세면대를 이용하지 않아도 된다. 독일 에바스패커 사가 만든 온수보일러가 내장돼 따뜻한 물도 마음껏 쓸 수 있다.

블을 아래로 내린다. 그 위로 소파를 펼치면 침대가 만들어진다. 침대는 가로 173cm, 세로 180cm. 성인 2~3명이 편안하게 쉴 수 있는 크기다. 소파 겸 침대 위쪽에는 수납공간이 넉넉하게 준비돼 있다. 옷걸이도 갖췄다. 비싼 옷도 구겨질 걱정 없이 보관할 수 있다. 봄이나 가을에 캠핑을 하다 보면 기온이 급격히 떨어질 때가 있다. 이런 경우를 위해 화이트하우스B는 안에 무시동 히터를 장착했다. 시동을 켜지 않고도 이용할 수 있다. 공기청정기도 설치돼 미세먼지가 심한 날에도 문제없다.

소파 옆에 있는 문을 열면 부엌과 화장실이 나온다. 얼핏 보면 좁다는 느낌이 들지만 자세히 살펴보면 필요한 것은 다 갖췄다. 먼저 부엌. 요리를 하거나 손을 씻을 때 쓰는 싱크대가 가장 먼저 눈에 띈다. 차에 100리터짜리 물탱크가 내장돼 버튼만 누르면 물이 나온다. 산속에서 힘겹게 물을 찾아 헤매거나 캠핑장 공용 수돗가, 세면대를 이용하지 않아도 된다. 독일 에바스패커사가 만든 온수보일러가 내장돼 따뜻한 물도 마음껏 쓸 수 있다. 물론 물탱크가 바닥나지 않도록 주기적으로 확인하고 채워야 한다.

싱크대 밑에는 냉장고가 자리 잡았다. 독일에서 수입해 온

55리터짜리 제품이다. 작지만 냉동실까지 갖춘 알짜다. 싱크대 옆 서랍을 열면 휴대용 버너가 나온다. 탈착식이라 부엌 안에서 써도 되고 밖으로 갖고 나가 이용하는 것도 가능하다.

다음은 화장실. 화장실과 부엌은 문으로 분리됐다. 변기와 샤워기 등이 준비돼 있다. 습기가 차지 않도록 이탈리아산 환풍기도 장착됐다.

화이트하우스B를 구매하는 사람은 누구일까. 육 이사는 배우, 가수 등 연예인 고객이 많다고 전한다.

"연예인은 스케줄을 소화하기 위해 국내 방방곡곡을 방문한다. 촬영 현장에서 오랜 시간 동안 자신의 차례를 기다려야 하는 상황도 자주 마주한다. 차에서 쓰는 시간이 많다 보니 최대한 편하게 보내고 싶어 하는 사람이 대다수고 이를 위해 화이트하우스B를 산다. 상대적으로 저렴한 다른 캠핑카에 비해 실내공간이 넓고 쾌적해 만족도가 높다. 캠핑을 좋아해서 차를 구매하는 연예인도 많다"는 설명이다.

이 밖에 기업 오너나 임원 등이 주로 화이트하우스B를 찾는다. 연령대로 보면 50대, 성별은 남성이 대부분이라고. 편리한 것은 물론 슈퍼리치가 중시하는 프라이버시를 지키며 캠핑을 즐길 수 있어 인기다. 육 이사는 "캠핑뿐 아니라 업무용으로도 쓸 수 있고 골프 여행을 갈 때에도 쓰기 좋다. 기업 오너와 임원들이 다른 캠핑카보다 화이트하우스B를 선호하는 이유"라고 덧붙였다.

공간을 산다는 것

씨마크호텔

평창 동계올림픽은 세계인의 축제인 만큼 유명인사, 슈퍼리치의 방문도 잇따랐다. 특히 세계 20대 부호, 개인 재산만 50조 원이 넘는다는 마윈 알리바바그룹 회장이 올림픽 기간 중 방한한다는 소식이 들려왔을 때 호텔 업계에서는 과연 그가 어디에 묵을지가 초미의 관심사로 떠올랐다.

올림픽 개막식 전날 《매일경제》를 통해 마침내 마윈 회장의 강원도 숙소 동선이 처음 카메라에 담겼다. 강릉 씨마크호텔 로비로 들어서는 모습이었다. 취재 결과 마윈 회장은 1박에

1500만 원이 넘는다는 씨마크호텔 '프레지덴셜 스위트'에서 여장을 풀었다. 테라스 포함 660m²(약 200평, 객실은 120평) 규모로 15층 전체를 아우른다. 마 회장은 개막식 전에 입실, 올림픽 초반 상당 기간 이곳에서 머물렀다. 퇴실하는 날 마윈 회장은 씨마크호텔 관계자에게 "세계적인 체인호텔도 아닌데 이렇게 멋진 위치에 기가 막힌 건축미와 조화로운 조형물이 잘 갖춰진 곳은 처음 본다"며 "전 세계를 다녀보지만 이렇게 편안하게 쉬고 간 것은 몇 안 된다"고 극찬했다는 후문이다.

강원도 강릉에 위치한 씨마크호텔의 전신은 '호텔현대경포대'. 고故 정주영 현대그룹 창업주 진두지휘 아래 1971년 개관했다. 호텔 소유주 현대중공업에서는 평창 동계올림픽 이후 강원도가 관광 중심지가 될 것으로 보고 2015년 리모델링을 단행, 지금의 모습으로 개관했다. 총 150개의 객실 외 한옥호텔 '호안재'까지 갖추고 있는 이 호텔은 강원도 통틀어 가장 럭셔리한 5성급 호텔로 정평이 나 있다.

씨마크SEAMARQ는 바다를 의미하는 영어 단어 'SEA'와 최고급, 일류라는 의미의 불어 'MARQ'의 합성어. '바다를 품고 있는 최고의 휴식 공간'이라는 뜻이다. 경포대 바다를 배경으로 우

休 쉼. 여행

뚝 선 백옥 같은 외관에 마윈 회장이 건축미가 뛰어나다며 극찬했다고. 호텔 설계는 건축업계 노벨상이라 하는 프리츠커상 수상자 리처드 마이어 건축가가 담당했다.

호텔 입구에 들어서면 로비부터 예사롭지 않다. 3면 통유리 창을 통해 강릉 바다가 한눈에 들어온다. 중간에 30명 이상이 마주 앉을 수 있는 커다랗고 긴 테이블, 그 위로 거대한 리본 모양의 조형물이 걸려 있다. '빛의 마술사'라 불리는 세계적 조명 디자이너 잉고 마우러의 〈골든리본〉이다. 뉴욕 소더비 디자인 경매에서 20세기 디자이너로 선정되기도 한 그의 작품 〈골든리본〉은 작품 가격만 9억5000만 원에 달한다고.

로비를 가로질러 펜트하우스 전용 엘리베이터에 올랐다. 15층 문이 열리자 바로 보이는 것은 흰색 대형 문. 양쪽으로 열 수 있게 돼 있는데 특이한 것은 잠금장치가 없다. 남상무 씨마크호텔 총지배인은 "버틀러의 안내에 따라 입실이 가능하도록 설계돼 있기 때문에 굳이 따로 장치를 마련해둘 필요가 없다. VVIP 입장에서는 키를 들고 왔다 갔다 하는 불편함이 없도록 배려한 것"이라 소개했다.

문을 열고 들어서니 일단 '전망이 갑'이다. 탁 트인 바다와 맞

사진제공 씨마크호텔

평창올림픽 때 마윈 알리바바그룹 회장이 묵은 강릉 씨마크호텔. 프리츠커상 수상자 리처드 마이어 건축가가 설계를 담당했다. 건물과 그 안을 채운 오브제, 그리고 창을 통해 바라보는 풍경이 그대로 하나의 작품이 된다.

닿은 하늘, 잔잔한 경포호, 대관령 산자락이 3면에 펼쳐진다. '두 발 아래 모든 공간을 내려다볼 수 있는 재력의 상징이 펜트 하우스'라는 말은 이럴 때 쓰는구나 싶다.

구조는 비교적 단순하다. 가운데 옥상정원을 중심으로 공간 이 나뉘어 있는데 왼쪽은 대형 침실과 욕실 등 휴식을 위한 공 간이라면 오른쪽은 응접실, 회의실, 개인 업무 공간 외에 거실 과 손님용 침실이 붙어 있다. 건물 밖은 180여 평 테라스가 사 면으로 둘러싸여 있는데, 야외 파티를 즐기기에 그만이다.

거실로 들어서면 인테리어의 '격'부터 남다르다.

종이를 구겨 만든 듯한 조명은 포스트모더니즘계 거장 프랭 크 게리의 대표작 〈클라우드Cloud〉다. 구름처럼 자유로운 형상 을 만들기 위해 정교하게 손으로 만들어 조명 뒤로 펼쳐진 하늘 과 절묘한 조화를 이룬다. 그 아래 테이블, 그리고 의자 하나하 나에도 품격이 묻어난다. 바닥재는 전 세계 불가리 매장에 깔려 있다는 이탈리아 명품 원목마루 '조르다노'의 최상위 제품이다. 평당 시공비만 200만 원이 넘는다.

바다를 향해 있는 소파가 눈에 띈다. 소파에 앉아 창밖을 내 다보니 구름 위에 떠 있는 기분이다. 서울옥션(2014년)에서 최고가 3500만 원을 경신한 이탈리아 디자이너 로베르토 라제로니의 '스타트렉Star Trek' 의자란다. 옆에 놓인 대당 2000만 원이 넘는 가와이KAWAI RX-3 그랜드 피아노가 들려주는 음악까지 곁들여진다면? 천국이 따로 없겠다 싶다.

호텔의 백미인 메인 침실 역시 개방형 창문 덕분에 바다가 한눈에 들어온다. 침대 위에 슬쩍 올라 밖을 내다보니 햇빛에 순간 바다 빛깔이 황금색으로 변한다. 침대에 누워 동해바다의 일출, 일몰을 모두 감상할 수 있다는 점은 씨마크호텔 펜트하우스만의 자랑이란다.

침실 문을 열고 나서면 바로 야외 테라스. 이탈리아 고급 대리석으로 만든 자쿠지가 눈길을 사로잡는다. 추위에 익숙한 나라의 슈퍼리치들은 한겨울에도 이곳에서 온수풀 노천 스파를 자주 즐긴다는 후문. 몸을 담그고 강릉 바다의 낙조를 보고 있노라면 시름은 저 멀리 사라질 듯하다.

슈퍼리치의 식사도 이채롭다. 동선 노출을 꺼려 호텔 레스토랑보다는 룸서비스를 주로 이용하기에 씨마크 역시 여기에 맞춰 '관동퀴진'을 준비해놨다. 동해 문어, 평창 한우, 강릉 순두부 등 제철 식자재를 바탕으로 김명수 조리기능장 이하 조리팀

休 쉼, 여행

에서 VVIP의 취향에 맞게 맞춤형으로 제공한다. 한 끼 가격은 책정 불가다. 이색 요리를 원하는 이들에 한해서는 강릉 봉평메밀 굴림 어漁만두, 대관령 명품황태 버섯 강정, 관동 영양찜, 강원도 산나물을 곁들인 차돌박이 구이 등이 이 호텔, 그중에서도 슈퍼리치만이 즐길 수 있는 특별 메뉴다. 어만두 한입을 베어 물어본다. 입안에 채워지는 육즙이 그대로 동해바다를 떠올리게 한다. 쫄깃한 만두피 사이로 신선하고 탱글탱글한 생선살을 씹는 맛도 일품이다.

씨마크호텔 관계자는 "낙조 때면 개인 요가 트레이너를 불러 테라스에서 바다를 바라보며 요가 클래스를 진행하는 슈퍼리치도 있다"고 귀띔한다. 단순히 비싼 공간이라서 묵는다기보다 '휴미락休味樂', 즉 쉼(숙박), 맛(음식), 즐거움(여가)의 진정한 의미를 아는 이들의 성지라 해도 되겠다.

하늘을 나는 스위트룸

에미레이트항공 A380 퍼스트클래스

"프리미엄 패스에서 제공하는 에미레이트항공 쇼퍼드라이브 서비스 이용을 환영합니다. 곧 댁으로 도착할 예정입니다."

공항 가기 전부터 들뜨게 한다. 에미레이트항공 퍼스트클래스를 이용하는 이들에게는 '쇼퍼드라이브 서비스'라 해서 개인 전용 기사를 집으로 보내준다. 차량도 최고급 세단 EQ900이다. 공항 도착 후 탑승 수속도 초스피드다. 전담직원이 짐을 받아주고 세세하게 기내 반입 물품과 부쳐야 할 물품도 안내해준다. 전 세계 슈퍼리치들만 탄다는 에미레이트항공 퍼스트클래

休 쉼, 여행

스의 특별 서비스다.

　최신 기종 A380 항공기 기내에 올랐다. 퍼스트클래스는 2층에 위치해 있다. 입구부터 통로가 일반석 고객과 달라 따로 안내를 받는다. 세어보니 총 13개 좌석만 퍼스트클래스다.

　"환영합니다."

　친절히 이름을 불러주며 좌석을 안내해주더니 바로 두바이전통 주전부리인 고급 대추야자 바틸Bateel을 내민다.

　외국계 항공사는 승무원이 모두 외국인은 아닐까 했는데 두바이행 항공기에는 한국 승무원들이 꽤 많이 보였다. 회사 관계자는 에미레이트항공사 승무원 중 한국인이 800명 이상이라고 전했다. 이들은 한국&UAE 노선뿐 아니라 전 세계 86개국 158개 도시를 누빈다. 중간관리자 격인 사무장도 한국인이 많단다. 영어울렁증 부담이 없어지니 한결 마음이 편안하다.

　일등석이니까 '좀 넓은 편이겠지' 했는데 기대 이상이다. 키가 2m 가까이 되는 거구도 편히 누워서 비행할 수 있을 정도로 넓다. 길이 82인치(약 208cm), 너비 21.6인치(약 55cm)란다. 좌석은 자동 조작으로 180도로 누울 수 있게 돼 있다. 밤 11시 넘어

출발한 만큼 현지에 새벽 도착인 비행편인데, 꿀잠 자고 일어나 바로 업무를 볼 수 있겠다 싶다.

승무원 안내를 받다 보니 단순히 의자 등받이 조절 기능만 있는 게 아니다. 좌석에는 심지어 마사지 기능도 있다. 같은 자세로 계속 앉아 있다 보면 불편할 만한 부위를 '토닥토닥'해 준다니 '이게 웬 호사인가' 싶다. 일반석에 탔을 때 앞좌석에 붙어 있는 작은 디스플레이 때문에 눈을 찌푸리며 자막을 봤던 기억도 '안녕'이다. 23인치 와이드 LCD 스크린에다가 기내 엔터테인먼트 시스템인 ICE(Information, Communication, Entertainment)가 탑재돼 있어 좌석 옆 태블릿PC를 만지작거리거나 리모컨을 쓰거나 직접 스크린을 터치해 자유자재로 영화며 게임을 즐길 수 있다. 영화를 보려고 헤드폰을 요청했는데 범상치 않다. 영국 하이엔드 오디오 브랜드 바워스앤드윌킨스Bowers & Wilkins와 협업해 만든 오직 퍼스트클래스 승객만을 위한 헤드폰(노이즈 캔슬링 E1)이란다. 왠지 설명을 들으니 영화 대사가 귀에 더 쏙쏙 꽂히는 듯하다.

옆 사람과 눈이 마주치거나 흐트러진 자세를 승무원에게 보이고 싶지 않을 때는 어떻게 할까. 아예 자동문이 있다. 온전히 '나만의 캐슬(?)'을 버튼 하나로 구축할 수 있다는 말이다. 문을

23인치 와이드 LCD 스크린에, 기내 엔터테인먼트 시스템인 ICE(Information, Communication, Entertainment)가 탑재돼 있어 좌석 옆 태블릿PC를 만지작거리거나 리모컨을 쓰거나 직접 스크린을 터치해 자유자재로 영화며 게임을 즐길 수 있다.

닫고서는 음료 주문할 필요 없이 이미 설치돼 있는 개인 미니바에서 에비앙 생수나 주스를 마실 수도 있고 독서등을 켜놓고 널찍한 업무용 책상에서 책도 읽을 수 있다.

기내가 건조한 것 같다면? 기본 어메니티로 제공되는 바이레도BYREDO 스킨케어 컬렉션을 열어 미스트를 뿌리면 끝. 퍼스트클래스 전용 불가리BVLGARI 향수로 기분전환도 가능하다.

"네? 스파 예약이요?"

승무원이 친절히 다가와서 샤워실 예약을 받는단다. 에미레이트항공은 퍼스트클래스 고객 대상으로 4만 피트 상공에서 샤워할 수 있는 스파 시설을 갖췄다.

예약된 시간이 되니 승무원이 안내해준다. 총 2개 부스로 각 공간은 10m² 정도로 넉넉하다. 샤워부스, 세면대, 탈의실, 화장실 등이 갖춰져 있다. 특급호텔

개인 미니바에서 에비앙 생수를 꺼내 마시고 독서등을 켜놓고 책을 읽다가 의자를 180도 눕혀 잠을 잘 수 있다.

休 쉼, 여행

에서나 볼 수 있는 보야VOYA 브랜드의 샤워 전용 어메니티가, 세면대에는 불가리의 녹차향 향수 '오 파르퓌메 오 떼 베르Eau Parfumee Au The Vert'도 있다.

샤워부스에 들어가 문을 닫으면 불이 들어온다. 단, 샤워 시간은 물 이용 시간 5분을 포함, 약 30분 정도이다. 온도를 조절하고 버튼을 누르면 약 5분간 물이 나오는 시스템이다. 수압은 세지 않은 편이다. 온도를 조절하니 온수, 냉수가 곧바로 반응한다. 남자라면 충분히 기분전환할 정도의 시간은 된다. 다만 샤워 시간이 얼마 남았는지 보여주는 디지털 화면이 마음을 약간 조급하게 하기는 했다.

샤워를 마치고 나오면 전신거울과 세면대가 보인다. 널찍한 공간에서 헤어드라이어로 머리를 말릴 수도 있고 각종 다양한 스킨케어 제품을 이용해볼 수도 있다. 몸을 닦고 나오니 한결 산뜻하고 기분이 좋다.

다음은 소문난 에미레이트 A380 기내 라운지바 구경이다. 에미레이트항공은 2017년 3월 독일에서 개최된 세계 최대 국제관광박람회 'ITB 베를린 2017'에서 업그레이드된 라운지바를 선보여 방문객 수천 명의 이목을 집중시킨 바 있다. 가보니 서울 도심의 고급 싱글몰트 바 분위기가 물씬 난다. 약간 어두운 조명 아래 다양한 고급 주류가 눈길을 사로잡는다. 바에 기대앉아 칵테일 등 음료와 다과를 즐길 수도 있고 따로 마련된 좌석에 앉아 창밖으로 하늘을 감상하며 한잔할 수도 있게 해놨다. 기내 바 라운지는 퍼스트와 비즈니스 클래스 승객 모두가 이용하는 것 한 곳, 퍼스트클래스 전용 라운지 등 총 두 곳을 자유롭게 이용 가능하다. '신의 물방울'이라 칭송받는 돔페리뇽 샴페인이나 싱글몰트 위스키, 로얄살루트 21년산 위스키 등 좀 더 고가 주류는 전용 라운지에서만 맛볼 수 있다. 헤네시, 조니 워커, 글렌피딕 등 맛볼 수 있는 고급 와인과 샴페인, 위스키만 80여 종에 달한다나.

주소연 에미레이트항공 사무장은 "에미레이트항공과 돔페리뇽은 약 25년간 장기 파트너십을 맺고 현재 인천-두바이 노선의 퍼스트클래스 승객에 한해 '돔페리뇽 빈티지 2008'을 독점적으로 제공하고 있다"고 말했다.

다시 자리로 돌아온다. 좀 더 메모를 해 이 모든 영광(?)의 기록을 남기려 노트북을 열었다. 습관적으로 인터넷을 클릭했는데 '어라?' 홈페이지가 열린다. 기내 와이파이 서비스가 된다더

休 쉼, 여행

니 진짜다. 에미레이트항공은 모든 클래스 승객을 대상으로 등록 후 2시간 동안 20MB의 무료 와이파이 서비스를 제공한다. 스카이워즈 회원으로 등록하면 퍼스트클래스 탑승자는 비행 내내 공짜라니!! 미국 인플루언서인 케이시 네이스탯이 퍼스트클래스 영상을 올려 6200만 명이 봤다는데 나도 소셜미디어 라이브 방송에 한번 도전? 시계를 보니 서울은 자정이 한참 넘었다. '케이시, 다음번에 승부를 겨루자'며 혼자 분루를 삼킬 수밖에.

한창 인스타그램, 페북에 사진과 영상을 올리느라 열을 내고 있는데 승무원이 오늘의 메뉴를 갖다준다. 코스 요리다. 전식부터 메인, 디저트까지 취향대로 고를 수 있다. 식사는 고급 식기 브랜드 로버트웰치Robert Welch와 로얄덜튼Royal Doulton에 담겨 나온다. 안심스테이크 굽기 스타일을 물어왔고 담겨 나오는 그릇마저 따뜻하다. 평소 없어서 못 마시는 레드 와인 '피터르만 2011' 빈티지와 함께하니 잠이 스르르 온다.

밥상을 물리고 잠시 영화를 보다 까무룩 잠드니 아침이다. 알람 서비스에 이끌려 눈을 뜨니 두바이 시내가 한눈에 들어온다. 아쉽고 또 아쉬운 순간이다. 스마트폰에 '쇼퍼드라이브가 공항에 대기하고 있다'는 문자가 뜬다. 퍼스트클래스 승객이라 공항을 빠져나온 것도 순식간. 최고급 세단에 몸을 싣고 해가 뜨기 시작한 두바이 시내를 굽어보며 호텔로 향한다.

외국 VIP가 한국을 여행하는 법

코스모진 외국인 의전관광

외국인 슈퍼리치의 한국 여행은 어떤 모습일까.

일반 패키지 여행은 당연히 아닐 것 같다. 사적인 공간과 특별한 경험을 원하는 그들이 패키지 여행을 선택할 리 없으니. 그렇다고 자유여행도 쉽지 않을 터다. 높은 언어의 장벽을 넘어야 하는 것은 물론 유니크한 여행을 즐길 수 있는 정보도 부족하기 때문이다.

외국인 VIP 의전관광이 답이다. 공항 영접부터 숙박, 관광안내, 각종 예약과 섭외 등 외국인 VIP들이 한국에 머무는 동안 모든 동선을 관리하고 케어하는 하이엔드 컨시어지 서비스다. 국내에는 코스모진이 선두 회사다. 정명진 코스모진 대표는 2001년 국내에서는 처음으로 외국인 VIP를 대상으로 한 의전 관광 사업을 시작했다. 그간 에릭 슈미트 전 구글 회장, 프란치스코 교황, 우디 앨런 감독, 울버린으로 유명한 휴 잭맨 등 굵직한 인사의 한국 여행을 담당한 바 있다. 외국인 친구를 초대하는 국내 대기업 오너 2~3세들도 많다고. 그들이 한국에서 하루 머물 때 쓰는 1인당 평균 비용은 1000만 원 수준이다(쇼핑 제외 금액).

외국인 VIP는 '럭셔리'보다는 '유니크', 즉 특별한 경험에 초점을 맞춘다. 18년째 사업을 운영해온 정명진 대표는 "한국에서만 경험할 수 있는 콘텐츠에 초점을 맞춘다. 예를 들면 한국 최고의 파스타를 맛보고 싶어 하는 사람은 없지만 장인이 담근 된장에는 수백만 원을 내는 것도 주저하지 않는 게 슈퍼리치"라고 설명했다.

최근에는 외국인 VIP 중에서도 중동 부호들의 국내 방문이 늘어나고 있다. 중동 고객 비율이 전체 20%가 넘을 정도다. 코스모진이 오랜 기간 외국인 VIP를 의전하며 경험했던 '실제 에

피소드'들을 바탕으로 가상의 중동 슈퍼리치 '만수르'의 2박 3일 한국 여행을 구성해봤다.

🔑

고민이 많다. 절친한 친구이자 사업 파트너인 중동 석유 부자 만수르가 아내와 딸을 데리고 한국에 놀러 오고 싶다고 말한 게 지난 1월이다. 외국인 VIP 의전관광 전문사에 연락을 취했지만 불안한 마음은 여전하다. 중동 사람은 종교, 음식, 예복, 문화 등 개성이 뚜렷해 취향을 맞추기 쉽지 않은 탓이다. 방문 시점에 맞춰 6개월 넘는 시간 동안 코스모진과 여행 일정을 조율했다. 1년 전부터 스케줄을 체크하는 고객도 많다고. 못 먹는 음식, 선호하는 여행 콘셉트, 꼭 가보고 싶은 장소나 해보고 싶은 체험 등등.

방문 당일. 만수르 가족이 인천공항에 모습을 드러냈다. 그 옆에 처음 보는 한국 여성이 있다. 코스모진에서 파견한 '도슨트'다. 여행 내내 만수르 가족과 함께 다녀야 하는 도슨트는 한국의 경제·문화·역사를 폭넓게 숙지하고 있는 전문가다. 도슨트는 공항 브리지에서부터 만수르 가족을 수행했다. 만수르 가족의 첫 번째 목적지는 강릉. 할아버지부터 손자까지 3대가 함께 지내는 종갓집에 방문했다. '어리광이 심한 딸의 버릇을 고치고 싶다'는 만수르의 특별 요청이 있었다. 외국인 VIP는 보통 한국의 전통 예절이나 가풍에 관심이 많다. 강릉 종갓집에서 다도 체험을 한 후 점심식사를 마쳤다.

소화도 할 겸 만수르와 단둘이 낚시를 하기로 했다. 사실 낚시는 코스모진과 내가 가장 심혈을 기울인 코스 중 하나다. 일이 풀리지 않으면 기분이 확 틀어지는 만수르에게 '허탕'이란 있을 수 없는 일. 잠수부를 고용해 낚싯줄 주변에 먹이를 뿌려 물고기를 모으고 미리 준비해놓은 물고기도 대량 살포했다. 1시간 남짓 만에 가득 찬 어망. 만수르는 의기양양하다. 정명진 대표는 "잠수부들이 낚싯바늘에 직접 물고기를 잡아 끼운 적도 있다. 특히 중요 사업으로 방문한 VIP 고객의 경우 기분이 틀어지면 계약에도 차질이 생길 수 있기 때문에 더 신중해야 한다"고 강조했다.

이튿날 만수르 가족을 태운 밴이 달려간 곳은 경기 파주다. DMZ와 판문점을 둘러보기 위해서다. DMZ는 외국인 VIP가

休 쉼. 여행

자주 요청하는 국내 최고 인기 여행지 중 하나. 에릭 슈미트 전 회장은 두 번의 방한에서 모두 DMZ를 방문할 정도로 애정을 드러냈다. 코스모진 DMZ 투어는 일반적인 코스와 다르다. 판문점에 주둔하는 UN군 관계자와 협업을 통해 군인과 대화를 나눌 수 있고, 일반인에게는 공개되지 않는 곳까지 출입이 가능하다. 코스모진 관계자는 "가슴 아픈 역사의 현장이지만 오직 한국에서만 볼 수 있는 공간인 것도 사실이다. 최근 남북정상회담 유치로 외국인 관심이 더욱 커졌다"고 설명했다.

판문점을 떠나 서울에 도착하니 이미 어둑어둑해져 있다. 만수르 가족은 '경복궁 나이트 투어'를 즐겼다. 야간개장 기간이 아니었지만 경복궁 측과 사전에 협의를 끝내놓은 상황. 조명이 은은하게 들어온 근정전과 경회루를 배경으로 사진 찍기에 정신이 없는 만수르 가족을 보며 절로 흐뭇해졌다. 저녁식사를 위해서는 경복궁 근처 레스토랑을 통째로 빌렸다. TV 예능에도 출연한 적 있는 스타 셰프를 섭외해 할랄푸드를 이용한 한식 코스를 선보였다.

지친 몸을 이끌고 광화문에 위치한 포시즌스호텔에 도착했다. 만수르가 스위트룸 객실을 둘러보더니 만족스럽다는 듯 고개를 끄덕이며 짐을 풀었다. 코스모진 직원도 그제야 안도의 한숨을 내쉰다. 그는 "세계 최고 카지노 대부로 유명한 셸던 아델슨 때문에 애를 먹은 기억이 난다. 새 비데를 달아달라고 요청했지만 호텔 측이 거부하자 호텔을 바꾸겠다고 떼를 썼다. 당시에는 코스모진 직원들이 그가 보는 앞에서 온 정성을 다해 변기를 닦음으로써 간신히 위기를 모면했다"며 미소 지었다.

숨 가쁜 일정 안에서도 3일 차는 여유롭게 각자의 시간을 갖는 것으로 짰났다. 만수르는 미리 섭외해놓은 프로골퍼와 함께 라운딩을 떠났다. 만수르 부인의 스케줄은 백화점 쇼핑과 가락시장 구경이다. 최고 수혜자는 아마 만수르의 딸일 것 같다. '표 구하기가 하늘의 별 따기'라는 국내 공중파 음악 프로그램 방청을 하고, 쇼가 끝난 후에는 꿈에 그리던 한국 아이돌과 티타임까지 가졌다.

가장 신경을 쓴 부분은 역시 쇼핑이다. 백화점과 협의를 통해 '퍼스널 쇼퍼룸'을 마련했다. 사전에 만수르 부인이 선호하는 브랜드를 알아내 취향에 맞는 상품들로 명품관 내부를 꾸몄다. 코스모진 관계자는 "최근 방한했던 아랍 공주는 신나게 쇼핑을 즐기다 가져왔던 2억 원이 모자랐다. 당시 코스모진이 차용증을 받고 1억 원을 빌려줬다"고 회상했다.

모든 일정을 마치고 새벽 비행기로 귀국길에 오를 예정인 만수르 가족. 그런데 출국 3시간 전인 밤 11시 만수르 부인이 생뚱맞은 질문을 던진다. "고소하고 달콤한 작은 물고기가 있었는데 맛이 기가 막혔다. 지금 구할 수 있을까?" 그렇다. 첫째 날 강릉 종갓집 점심식사에서 반찬으로 나왔던 멸치볶음이었다.

1시간 후 멸치볶음을 들고 코스모진 직원이 헐레벌떡 뛰어왔다. 과정은 드라마틱했다. 호텔 주방에 멸치볶음 조리를 요청했지만 시간이 너무 늦어 불가능했다. 호텔 근처 마트로 달려가 멸치와 물엿, 깨, 설탕 등 재료를 구입해 생판 모르는 호프집에 들어가 요리를 부탁했다고. 정명진 대표는 "감동은 디테일에서 나온다. 사소한 말, 행동 하나를 놓치지 않고 대응해 고객 만족을 극대화하는 게 VIP 의전관광의 기본"이라고 설명했다. 정성 어린 멸치볶음을 건네받은 만수르 가족이 만족스러운 표정으로 게이트를 나섰음은 두말할 것 없다.

치유+여행

EW빌라메디카

독일 프랑크푸르트공항에 내리자 버틀러가 고객 이름이 적힌 팻말을 들고 영접하러 나와 있다. 'Welcome to EW villa medica'. 전 세계 슈퍼리치가 건강관리를 위해 찾는다는 바로 그곳. 한 번 시술에 2000만 원, 3박 4일 의료관광 패키지는 3000만 원, 연간 회원권은 1억 원을 호가한다는데도 전 세계 부자들이 앞다퉈 예약한다는 그 서비스다.

버틀러는 친절히 짐을 들어주더니 공항에 주차된 벤츠 고급 세단으로 안내한다. 뒷좌석에 앉으니 버틀러가 룸미러를 통해 눈을 마주치며 "마침 방콕 지점으로 출장 갔던 전문의가 어제 귀국했다. 컨설팅 받고 난 후 푹 쉬면 한결 개운할 것"이라고 설명했다. 호텔형 클리닉은 독일뿐 아니라 방콕, 홍콩, 베이징, 쿠알라룸푸르 등 세계 곳곳에 지사가 있다고 덧붙인다. 딱히 질병이 있어서가 아니다. 좀 더 젊게, 건강하게 살고픈 슈퍼리치의 니즈를 공략하는 고급 클리닉의 현장을 찾아가 봤다.

프랑크푸르트 도심을 빠져나오자 싱그러운 햇살이 들판을 간질인다. 라인강을 끼고 1시간쯤 달렸나. 풍경화에 나올 법한 농장과 포도밭으로 접어든다. 독일에서도 이름난 와이너리가 즐비한 라인란트팔츠주의 중소도시 에덴코벤이다. 마을 중앙광장을 지나 '국립공원 가는 길'이란 팻말을 지나칠 즈음 궁궐 같은 건물 앞에 차량이 멈춰 선다. 입구에 설치된 이끼 앉은 사자상이 건물의 역사를 한눈에 보여준다. 1893년에 지어진 고성을 리모델링했다는데 1차 세계대전 때는 임시 병원으로도 쓰였던 곳이라 했다. 지금의 EW빌라메디카 전신이다.

딱히 데스크는 없다. 철저한 사전예약제로 움직이다 보니 차량이 도착하면 자연스레 담당직원이 이름을 불러주며 손님을 맞이한다. 1층에는 100% 유기농 식단이 제공되는 레스토랑과 상담실, 진료실 등이 있다. 시술은 지하와 2층에 마련된 개인 전용 공간에서 이뤄진다. 별관은 통창으로 꾸며져 있는데 간단한 시술을 할 수 있는 시술실과 회복실이 있다. 창가에는 산새가 날아와 창문을 두드리기도 한다. 깨끗이 정비된 숲속에 들어온 느낌이다.

3층 객실로 일단 안내받았다. 통상 슈퍼리치들이 시술도 받고 휴식도 취하는 3박 4일 패키지를 선택하면 배정받는 객실이란다. 웬만한 특급호텔 못지않다. 욕실 수도꼭지를 틀면 나오는 물은 천연 미네랄 워터라 언제든 마실 수 있다는 설명이 뒤따른다.

기자를 맞이한 클리닉 소유주 챈Chan 박사는 "별다른 홍보가 필요 없다. 전 세계 부호들은 그들만의 네트워크와 입소문만으로 이곳 독일의 한적한 시골 마을까지 알아서 찾아온다. 개원 초기엔 유럽 부호들이 주류였다면 지금은 중국, 중동 부자들이 많이 찾는다"고 소개했다. 1층에서 만난 한 고객은 방금 쿠웨이트에서 전용기를 타고 왔고 이번이 세 번째 방문이라고 했다. 에스트라다 전 필리핀 대통령, 영화 〈분노의 질주〉 히로인 미셸 로드리게즈 등 유명인사가 방문한 사진도 눈길을 끈다.

양해를 구한 후 EW빌라메디카를 직접 찾은 한 중국인 부호

休 쉼. 여행

EW빌라메디카는 독일에서도 이름난 와이너리가 즐비한 라인란트팔츠주의 중소도시 에덴코벤에 위치해 있다. 1893년에 지어진 고성을 리모델링했다.

의 상담 과정을 참관했다. 그는 "딱히 특정 부위가 아픈 건 아니지만 스트레스를 많이 받아서인지 몸이 무겁고 자주 피곤해져 수소문 끝에 이곳을 찾았다"고 말했다.

담당 전문의는 일단 맞춤형 처방을 위해 그의 혈액을 채취한 후 문진을 했다. 고혈압, 당뇨, 심장혈관 치료를 과거 받은 바 있다는 환자에게 전문의는 "의사의 처방전을 받은 의약품을 오랜 시간 먹어 궁극적으로 신장과 간 기능에 부작용이 온 것 같다"고 진단했다. 혈액검사에서 건강 상태, 알레르기 유무 등을 체크한 후 면역체계를 강화하기 위한 세포치료가 필요하다는 결론을 내렸다.

챈 박사는 "재생의학 분야에서 독특한 우리만의 셀 요법으로 체질 개선을 하는 프로그램이다. 체력 회복은 기본이고 항노화, 면역력 강화 등 몸 상태 자체를 젊은 상태로 바꾸는 게 핵심"이라고 말했다.

중국인 부호는 2시간여가량 세포치료 시술을 마친 후 회복실로 옮겨졌다. 간호사라기보다는 호텔 서비스 직원 같은 이들이 물 흐르듯 동선 관리를 한다. 회복실에는 고압산소 챔버(캡슐)가 비치돼 있다. 담당 전문의 안내 아래 부호는 챔버 안으로 몸을 누였다. 챈 박사는 "체내 노폐물을 빠르게 배출하고 영양공급을 원활하게 해주는 초고가 장비"라고 말했다.

여러 주사와 시술 과정에서 잠시 얼굴을 찡그렸던 중국인 부호는 챔버 밖으로 나온 후 "그동안 만성두통에 시달렸는데 머리가 깨끗이 맑아졌다"며 활짝 웃었다. 3박 4일 프로그램에서 이처럼 첫날은 기력을 회복하는 종합 면역력 회복 목적의 시술이, 다음 날부터는 지병 혹은 평소 안 좋았던 부위를 집중 치료하는 맞춤형 진료가 병행된다. 물론 그사이 절대적인 휴식과 호텔식 식사 제공이 병행된다.

1980년대만 해도 이 클리닉은 파킨슨병, 다운증후군, 자폐증 치료 등을 위한 요양병원으로 출범했다. 그런데 독일의 모 부호 가족이 당시 자폐증을 앓는 아이 때문에 방문했다 상당한 개선 효과를 얻은데다 함께 간 가족의 건강까지 개선됐다는 입소문이 돌기 시작하면서 슈퍼리치 클리닉으로 차별화하기 시작했다.

체내 노폐물을 빠르게 배출하고 영양공급을 원활하게 해주는 고압산소 챔버. 평소 바쁜 일정을 소화하는 슈퍼리치들에게 의료와 여행의 결합은 매력적이다.

EW빌라메디카는 슈퍼리치가 아플 때만이 아니라 항상 건강에 신경 쓰고 예방의학을 선호한다는 사실에 주목, 이들의 동선을 따라 지점을 늘려나가기 시작했다.

방콕 지점은 태국 최초로 5성급 호텔(인터컨티넨탈호텔)에 입점해 독일에서 받는 서비스와 같은 서비스를 받도록 시스템을 완비했다. 중동 고객은 비행 거리를 계산해 독일과 태국 중 상황에 따라 편한 곳을 선택하는 사례가 많다는 게 회사 관계자 설명이다. 방콕 지점에는 최근 추가 서비스도 생겼다. 국제미용항노화학회장으로 국내외에서 명망 있는 권한진 더마스터클리닉 대표원장을 영입, 월 1~2회 특진 서비스를 진행한다. 더마스터클리닉은 주사 대신 녹는 실을 삽입, 얼굴을 V라인으로 만들어주는 울트라브이 리프팅 시술로 유명하다. 최근에는 울트라브이 화장품 사업에도 뛰어들어 좋은 반응을 얻고 있다. 챈 박사와는 국제 학회에서 인연을 맺고 슈퍼리치 고객군이 겹친다는 점에서 마음이 맞아 프로젝트에 합류했다.

권한진 원장은 "중국, 홍콩 등 해외 고객이 한국에서는 피부 미용시술 위주로 받아왔다면 EW빌라메디카에서는 종합 건강관리를 받을 수 있다는 점이 매력적이다. 상대적으로 한국보다 의료관광, 웰니스 분야에서 규제가 자유로운 독일, 태국 등에서

休 쉼. 여행

슈퍼리치가 자유롭게 시술을 받을 수 있다 보니 면역치료, 세포 치료 외에도 피부시술에 추가비용이 들더라도 크게 부담을 느끼지 않으며 지갑을 여는 분위기"라고 말했다.

최근 EW빌라메디카는 한국에서 '태반주사'로 유명한 스위스 MFⅢ의 지분도 취득, 슈퍼리치 건강 서비스를 한층 강화했다고 밝혔다.

챈 박사는 "지금도 전 세계에서 연락이 온다. 슈퍼리치는 자기 몸에 잔존하는 화학물질, 환경호르몬 노출 등에 상당히 민감하다. 또 돈보다 시간을 더 중요하게 여긴다. 접근성이 좋은 곳, 빠른 효과를 볼 수 있는 시술을 선호하기 때문에 이들에게 맞는 의료 서비스를 추가하는 데 총력을 기울인다"고 말했다.

슈퍼리치, 그들이 알고 싶다 3

부자들이 고국을 떠나고 있다?

10만8000명.

2018년 고국을 떠나 다른 나라로 이주한 백만장자 수다. 시장조사 업체 뉴월드웰스가 조사한 결과로 2017년 9만5000명에 비해 1만3000명 늘었다. 슈퍼리치가 고국을 등지는 주된 이유는 세금이나 경제, 정치 문제 등인 것으로 나타났다.

부자 사이에서 가장 인기가 많은 국가는 호주다. 범죄율이 낮고 상속세가 없다는 이유에서다. 백만장자 대다수가 영어를 모국어로 한다는 점도 인기 요인이다. 미국과 캐나다, 스위스도 많은 슈퍼리치의 선택을 받았다. 미국은 다양한 분야에서 시장을 선도하는 기업을 많이 보유하고 기술력 등에서 선두주자 자리를 차지하고 있다는 점이 장점이다. 캐나다는 미국에 비해 연방소득세가 낮고 상대적으로 시민권을 취득하기 쉽다. 스위스는 금융 선진국인 데다 외국기업에 낮은 세율을 적용한다.

반면 부자들이 가장 많이 떠난 나라는 중국이다. 강력한 자본 감시가 가장 결정적인 요인으로 꼽힌다. 러시아, 인도, 터키, 프랑스 등도 목록에 포함됐다. 러시아는 크림반도 합병 이후 제재를 받으며 경제가 위축된 것이 원인으로 보인다. 터키는 정치, 경제 불안이 우려 요인으로 작용했다는 분석이다.

슈퍼리치와 친해지는 법?

슈퍼리치의 인간관계는 어떨까?

원칙이 명확하다.

본인이 함께하는 모임의 진입장벽은 상당히 높았다. 낯도 많이 가리는 편이었다. 인간관계를 맺을 때 상당히 신중한 면이 있다. 대부분 한두 번은 인생에서 새로운 사람, 검증되지 않은 이들과 만났다가 금전적, 심적 고통을 받은 사례가 적잖았다는 얘기를 많이 털어놨다. 그래서 어떤 슈퍼리치는 "자산, 사물은 거짓말하지 않는다"며 이들을 수집하고 투자하고 이와 관련된 이들과만 소통하는 이들도 있었다.

곁을 내어주는 방법은 다양했다. 가장 안전한 방법은 준거집단 속에 있는 이들 중 한두 사람의 소개를 받는 것. 더불어 스타트업 등 초기 창업자와 같이 그래도 사업 모델을 같이 얘기해볼 수 있는 사람이면 좀 더 마음을 여는 정도? 하지만 이마저도 각자 본인의 시험 방법을 통과해야 더 곁을 내주는 경향이 있다는 건 흥미로웠다.

이를테면 간단히 골프에서 내기를 하는 것부터 어떤 프로젝트에 소액의 시드 투자를 해봐서 이들의 성향을 파악해보는 식이다. 그리고 해외여행 등 최대한 다른 환경에서 상대편의 태도나 철학을 들여다보는 방식을 취한다. 일단 본인의 테스트에 통과했다 싶으면 매번 까다롭게 또 다른 숙제를 내주며 계속 단련(?)을 시키기도 한다.

소비를 할 때도 브랜드와의 오랜 관계를 중요시 여긴다. 예를 들어 점장이나 대표와의 친분, 본사와 알고 지낸 시간 등을 굉장히 가치 있게 생각한다.

슈퍼리치의 마인드는 '총욕약경'

슈퍼리치들은 같은 시간, 같은 장소를 다르게 보고 활용한다. 또 이면을 들여다보고 사업기회를 포착하는 게 습관이 돼 있다. 이를 한 슈퍼리치는 이렇게 표현했다.

"아마추어는 일희일비한다. 프로는 총욕약경한다"라고.

'총욕약경(寵辱若驚)'은 도덕경 13장에 나오는 이야기로 '좋은 일이 생기든, 나쁜 일이 생기든 똑같이 놀라고 긴장한다'는 의미다.

> "사업상 큰 기회가 와도 재고 관리, 현재 직원 역량, 가용 자원 등에서 펑크가 나지 않을까 고민하는가 하면, 악재가 터졌을 때 반전을 살필 수 있는 여유가 슈퍼리치와 그렇지 않은 이들의 차이다. 기자도 '총욕약경'할 수 있을지 항상 스스로 되뇌어본다."
>
> —박수호 매경이코노미 기자

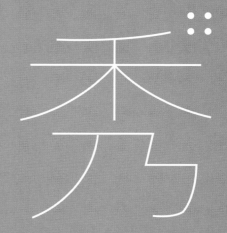

삶, 남다름

"슈퍼리치가 이용하는 서비스나 구매하는 아이템은 고가가 아니라 이색적, 여기서밖에 할 수 없는 것, 독창적인 것, 사연이 있는 것에 주목한다. 식당을 가도 식기나 그릇의 출처나 스토리를 묻는 등 사물 하나하나에 관심이 많다."

셰프의 초대

'봄날 축일에 손님 맞다' 한식 코스

북한산의 맑은 계곡물이 집 앞을 지난다. 건너편으로 만개한 벚꽃나무가 반갑게 손님을 맞이하는 듯했다. 바람이 불자 꽃잎이 툭. 집을 알려주겠다는 듯 서울 성북동의 한 단독주택 대문 앞에 떨어진다. 벨을 누르자 문이 열리며 계단 위로 반가운 얼굴이 기자를 맞이했다. 콧수염이 매력적인 이종국 셰프다. 그가 운영하는 레스토랑 '곳간'은 미쉐린 2스타에 선정됐을 정도로 이미 그의 요리 실력은 정평이 나 있다.

그런 그가 특별히 초청한 곳은 자택이었다. 동서양을 막론하고 유명 셰프의 집에 초대받아 식사를 하는 게 최고의 의전이자 영광이라는 무언의 암시였다. 실제 재벌들도 쉬 가지 못하는 곳으로 알려져 있다. 전 세계를 전용기로 움직이며 해당 국가의 명소를 찾아다니는 포시즌스 전용기 투어에서도 40여 명의 슈퍼리치가 이곳을 방문한 게 괜한 이유가 있는 게 아니다 싶다.

집 안으로 들어서니 일단 규모가 장난이 아니다. 자택이라지만 이런 만찬이 적잖았는지 1층에 양쪽으로 40여 명이 앉을 수 있는 긴 테이블이 자리하고 있다. 테이블 위 그릇도 예사롭지 않다. 도예공방 '토루'로 유명한 곽경태 작가가 이종국 셰프만을 위해 헌정한 옹기다.

눈을 들어 응접실을 둘러보니 흡사 갤러리 혹은 박물관에 온 느낌이다. 밋밋한 듯하지만 담백한 선의 미학이 있는 백자 그릇에 눈길이 갔다. 이 셰프는 "대호 백자로 각 그릇마다 천지현황 天地玄黃 한 글자씩 새겨진 15세기 궁중 왕실용 그릇 4개 중 하나로 국보급이라 할 만하다"고 설명했다. 역시 궁중에서 쓰던 소반 小盤의 일종인 회전반(작은 밥상인데 회전하는 상) 하며 조선시대에 쓰이던 거북 모양 대형 자물쇠까지 입이 떡 벌어진다. 여기에 더해 백남준, 박서보, 최명영 작가의 현대미술 작품이 함께 어우러져 전통과 현대, 동서양의 미美를 한 곳에서 감상할 수 있었다.

귀를 간질이는 음악에 테이블 한쪽을 쳐다보니 특이한 모양의 스피커가 또 한 번 눈길을 사로잡는다. '소리 마에스터' 유국일 작가 작품이다. 스피커 한 대당 1억 원을 호가한다.

셰프면 맛으로 승부하면 되지 왜 이렇게 휘황찬란한 공간을 연출했을까.

"슈퍼리치는 꼭 비싼 음식을 먹는다기보다 한국의 순수한 자연과 문화를 경험하고 싶어 하더군요. 이때의 경험은 단순히 먹는 즐거움뿐이 아니에요. 오감을 느끼고 가고 싶어 하지요. 포시즌스 슈퍼리치 디너 때 깜짝 국악공연을 곁들였더니 정말 좋아했어요. 식사 내내 감동받은 한 외국인 고객은 단아한 한국의 그릇에 매료됐던지 수소문 끝에 구입해 갔다고도 하더군요. 그래서 장식 하나, 서버의 복장 하나까지 세심하게 신경 쓸 수밖에 없답니다. 한 끼의 식사가 슈퍼리치의 가슴에 시 한 편, 소설 한 편 선사한다는 사명감으로 음식을 내놓습니다."

'오감을 만족시킨다', '럭셔리 경험을 선사한다'는 말을 되뇔 즈음 식사 준비가 됐다고 알려왔다. 식사 순서가 적힌 카드가 주어졌다. '봄날 축일에 손님 맞다'라는 제목 아래 전식 2코스, 메인 7코스, 후식으로 준비됐다.

메인 요리마다 이름도 예사롭지 않다. 〈福복—복을 부르는 음식〉, 〈楓풍—바람의 여운으로〉, 〈地지—땅의 기운으로부터〉 등 각각 이름과 사연이 다 있었다. 특히 눈길 끄는 것은 〈開개—열어보다〉였다. 검은 보자기에 싸인 그릇에서부터 호기심이 든다. 서버 직원은 "예부터 귀한 분께 선물을 드릴 때 정성을 들여 보자기에 싸던 전통 그대로를 재현했다. 그만큼 공을 들인 귀한 음식"이라는 설명이 뒤따른다. 보자기를 걷자 그릇 위에 소나무 문양의 검은 종이가 또 한 번 음식의 온기를 감싸고 있었다. 이마저 젖히자 능이버섯, 고사리, 가지, 석이버섯 등 다양한 검정색 식재료로 향과 맛을 낸 볶음요리, 일명 '블랙푸드'가 손님을 반겼다. 한 젓가락 넉넉히 집어 입속에 밀어 넣자 고소하면서도 버섯과 콩의 아삭한 식감, 쫄깃한 식감이 어우러져 입속에서 향연을 펼쳤다. 맛도 좋지만 보는 즐거움, 먹는 즐거움이 배가되는 음식이었다.

- 이종국 셰프의 '봄날 축일에 손님 맞다' 코스는 전식(2코스), 메인(7코스), 후식의 총 열 코스로 구성된다. 전식으로 나오는 배오징어 단자, 대저 토마토 민물새우 초, 새조개 나물밥, 잣소스 더덕 무침.
- 각종 알 요리와 돌문어 초회, 묵 구이, 마 단자, 생선 감태 말이로 구성된 두 번째 전식이다.
- 메인 요리 중 하나인 〈地지—땅의 기운으로부터〉. 여덟 가지 견과류 가루를 사용하여 식감과 향을 살린 각종 뿌리채소 요리다.
- 지리산 장단콩으로 빚은 30년 된 간장으로 한우꼬리찜을 만들어 냈다. 그래서 이름이 〈古고—오랜 기다림〉이다.

더덕향과 양념장이 조화를 이룬 '진지상'. 1cm도 안 되는 찔레의 어린순만 따서 만든 장아찌, 강원도 심마니가 채집한 더덕 등 정성과 시간이 오롯이 담긴 식재료를 골라 쓰니 이 세상에 단 한 끼밖에 없는 식사가 완성된다.

식재료 역시 예사롭지 않았다.

이종국 셰프는 "1cm도 안 되는 찔레의 어린순만 따서 만든 장아찌, 강원도 심마니가 채집한 더덕, 해녀가 심해에서 따는 벚꽃굴, 제철에 나는 귀한 버섯, 지리산 장단콩으로 빚은 30년 된 간장 등 정성과 시간이 오롯이 담긴 식재료를 골라 쓰니 이 세상에 단 한 끼밖에 없는 식사가 완성된다"고 소개했다.

하나하나 맛보던 중 음식값 생각이 불현듯 들었다. 때에 따라 다르지만 셰프의 집에서의 만찬은 100만 원, 와인을 곁들일 경우 1인당 150만 원을 훌쩍 넘길 때도 많다고 전했다. 가격 관련 이 셰프의 의견은 단호했다.

"한 끼의 식사가 통상 3시간 정도 걸립니다. 연극이나 오페라 한 편을 보는 시간과 같지요. 유명 예술공연에서 좋은 좌석에 앉는 데 미련 없이 비용을 지불하는 것처럼 한 끼 식사를 넘어 한국 식문화를 경험하는 귀한 시간이라 생각하는 슈퍼리치들이 더 많아요. 그래서 그런지 가격에 대한 저항이나 항의는 거의 없습니다. 오히려 저희 집에 언제 한번 올 수 있는지를 되묻고 가는 분들이 더 많습니다."

이런 얘기를 하는 이들 중에는 해외 유명인사도 많다. 배우 존 말코비치, 유명 디자이너 톰 브라운도 이 셰프의 팬이 됐다고. 그 밖에도 영국 문화부장관 만찬, 한중일 인사장관 디너, 동계올림픽 전시(경복궁) 등 국내외 크고 작은 행사에도 섭외 1순위다.

최근 이 셰프는 파인다이닝 체험을 보다 넓혀나가기 위해 성북동 집 근처에 레스토랑 '백사104'를 열었다. 오찬은 20만 원, 만찬은 30만 원부터 즐길 수 있도록 합리적(?)으로 책정했단다. 포시즌스 미식 투어에 참여할 정도의 재력(약 1억 원)이 안 된다면 단신으로 '백사'를 찾아 럭셔리 경험을 해보는 것도 방법은 방법이겠다 싶다.

일억 피트니스클럽

포시즌스클럽서울

　호텔 입구에 차를 세우자 직원이 알아보고 키를 받아 든다. 피트니스클럽 회원을 위해 제공되는 무료 발레파킹 서비스다. 전날 해외출장을 다녀와 여독이 풀리지 않은 A대표는 간단히 운동 후 잠시 쉬었다 바이어와 저녁을 함께할 계획이다.

　9층 피트니스클럽 리셉션에서 로커 키를 받아 들고 이동하던 중 시간이 궁금해져 벽시계를 올려다본다. 오후 4시가 좀 지났다. 그것보다 눈에 띄는 건 벽시계 브랜드. 손목시계 하나만으로도 수천만 원을 호가하는 스위스 최고급 시계 브랜드 바쉐론

콘스탄틴Vacheron Constantin이다. 클럽 매니저 설명으로는 스위스 본사에서 '포시즌스클럽서울'만을 위해 특별 제작한 벽시계라고.

운동복으로 갈아입으려고 보니 아차, 운동화를 차에 놓고 왔다. 직원은 친절한 미소로 발 사이즈를 물어보더니 발에 꼭 맞는 나이키 최신 조깅화를 가져다준다. 탈의실에서 나와 8층에 있는 체련장으로 내려간다. 일반 호텔이었으면 정장 입은 호텔 방문객과 뒤엉킬 수 있어 엘리베이터 타기가 꺼려진다. 그러나 이곳은 피트니스 고객만을 위해 전용 엘리베이터와 계단이 따로 있어 이런 고민이 없다.

체련장 로비에 접어들자 유명 신예 추상화가 앤서니 다비, 국내 중견 사진작가 민병헌의 미술작품이 눈길을 잠시 사로잡는다. 체련장으로 들어서니 개방된 창문 밖으로 광화문 네거리가 한눈에 들어온다. 호텔 한 층의 절반 이상을 할애해 마련한 체련장은 과연 전 세계 포시즌스 체인 중 최대 규모답다 싶다.

가볍게 조깅을 하기 위해 트레드밀에 올랐다. 한국에서 처음 선보인다는 최고급 트레드밀 브랜드 테크노짐TechnoGym의 '아티

秀 삶, 남다름

스Artis' 최신 모델이다. 대당 2000만 원을 호가한다나. TV 시청 뿐 아니라 이메일도 확인하고 페이스북, 유튜브 등을 볼 수도 있다. 트레드밀에서 내려오는데 어디선가 많이 본 듯한 이가 스쳐 지나간다. 한국은 물론 해외에서도 활발하게 활동하는 유명 배우다.

이마에 땀이 송골송골 맺힐 즈음 시계를 보니 5시 5분 전이다. 예약해놓은 필라테스 수업을 들어갈 시간. 체련장 내 일대일 트레이닝을 전문적으로 진행하는 필라테스 룸으로 들어간다. 필라테스 강사는 몸 상태를 점검하더니 장거리 출장 때문에 비행기에서 같은 자세로 오래 있다 근육이 굳어진 듯하다고 말했다. 코어 근육 강화운동을 가볍게 한 후 뻐근해진 대둔근(엉덩이 근육)을 포함한 허벅지 뒤쪽 근력(햄스트링) 운동 처방을 받았다. 강사의 지도에 따라 연속 동작을 하다 보니 땀이 비 오듯 쏟아진다.

한참 땀을 흘렸더니 목이 마르다. 무료로 제공되는 포시즌스 전용 생수도 있지만 약간의 허기가 느껴져 체련장 끝 '더주스 바'를 찾았다. 샌드위치, 버거는 물론 간단한 식사도 가능하다. 개당 3만2000원짜리 수제 한우버거나 여기서만 먹을 수 있다는 3만 원짜리 김치버거가 당겼지만 다이어트를 위해 아보카도

광화문 도심 속에 위치한 '포시즌스호텔서울'의 피트니스클럽. 입회 보증금 1억 원으로 가입할 수
있다. 회원 자격요건은 없다. 금액 자체만으로 쉽게 접근할 수 없기 때문에.

망고 샐러드와 알로에, 배, 코코넛 크림을 섞은 '오아시스' 주스만 먹기로 한다.

주문 후 기다리는 동안 물끄러미 통유리창 밖으로 실내 수영장을 바라본다. 더주스바는 체련장과 실내 수영장 사이에 위치해 양쪽 고객이 편하게 이용할 수 있다. 비키니를 입고 메인 수영장을 가르는 외국인 여성을 물끄러미 바라보다 인근 키즈풀로 눈길을 돌려본다. 주말엔 아이들을 데리고 와야겠다는 생각이 든다. 더불어 한참 수영을 하고 난 후 공기버블 베드가 있는 바이탈리티풀에 몸을 맡긴 채 눈을 지그시 감는 상상을 해본다.

그사이 음료와 간식이 나왔다. 코코넛 크림이 들어가 느끼할 듯했던 오아시스 주스 맛은 꽤 깔끔하다. 아보카도 망고 샐러드는 소스가 일품. 조금만 먹어도 포만감을 줘 공복감을 달래기에 좋다.

땀이 어느 정도 마르자 이제 나른함이 몰려온다. 간단히 사우나에서 피로를 풀 시간. 온탕에 들어가려고 보니 반짝이는 타일이 눈길을 사로잡는다. 이탈리아 최고급 브랜드인 비사자Bisazza 타일이란다. 사우나, 수영장 사이즈에 맞춰 특별 주문제작했다는데 실제 18k 골드라나. 그래서 온탕의 별명도 '골드 스파'다.

고개를 들어 벽면을 바라보니 장식품 또한 예사롭지 않다. 중국 '이디자인Yi design'이 소나무를 모티브로 맞춤 제작한 작품이다. 초록색 도자기는 명예, 지혜, 건강을 의미하며 모두 하나하나 손으로 만들어졌다는 매니저의 설명이 뒤따른다. 그러고 보니 피트니스클럽이 갤러리 같다는 생각이 든다. 로비에서 봤던 현대미술 작품도 그렇거니와 수영장 벽에 걸려 있는 황혜선 작가 작품, 로비에 있는 프랑스의 유명 작가 자비에 베이앙 작품까지.

사우나에서 몸을 풀고 나와 샤워를 하려고 보니 모두 비행기 일등석 스타일 개별 룸이다. 좌식 샤워 부스만 그런 게 아니다. 물기를 닦고 화장품을 바르는 파우더룸 역시 개별로 이어져 있다. 같은 층에는 뉴욕 출신의 이발사가 운영하는 바버숍까지 있어, 특별한 날 완벽한 단장이 가능하다.

목욕 가운을 입고 라운지로 나선다. 경복궁이 한눈에 들어온다. 동료들과 잡담을 나눌 수 있는 개방 공간도 있지만 오늘은 잠시 휴식을 하기 위해 TV 라운지를 찾는다. 등받이, 다리걸이를 전자동으로 해주는 전동의자, 개별 TV 시청이 가능한 모니터와 헤드셋 등이 갖춰져 있다. 완벽한 휴식을 즐길 수 있는 수면

일명 '골드 스파'로 불린다. 사이즈에 맞춰 주문제작한 비사자 타일을 깔았다. 진짜 18k 골드다.

실도 구비돼 있다지만 저녁 약속 때문에 입맛만 다실 수밖에.

느긋하게 의자를 뒤로 젖히고 TV를 보다 보니 평소에 자주 이용하는 스파 생각이 난다. 포시즌스 스파는 총 7개의 트리트먼트 룸이 있는데 특히 VIP 고객을 위한 프라이빗 스파 스위트가 압권이다. 포시즌스호텔 본사에서 마사지 교육을 수료한 공인 마사지 전문가가 진행하는데 한번 받아보면 기어이 다시 찾게 된다. 그 손맛을 잊을 수 없기 때문.

포시즌스서울 피트니스클럽의 입회 보증금은 1억 원. 국내 회원권 거래소를 다 들춰봐도 최고가다. 그나마 2위권 회원권 가격(개인 기준)이 6700만 원대다. 회원 자격요건은 없다. 금액 자체만으로도 쉽게 접근할 수 없기 때문에 알아서 VIP 회원만 가입한다.

그런데 회원 수가 놀랍다. 이미 500명이 넘었다. 500억 원 이상이 입금돼 있다는 얘기로 한국에 슈퍼리치 숫자가 적지 않다는 방증이기도 하다. 포시즌스서울 관계자는 "비싼 보증금이 부담스럽다면 연회원으로 이용하는 것도 방법이다. 1년 동안 따로 추가 연회비 없이 700만 원만 내면 된다"고 알려준다.

럭셔리 프러포즈의 정석

시그니엘서울 프러포즈 패키지

결혼을 앞둔 커플에게 프러포즈는 신혼생활의 행복도를 좌우할 정도로 중요한 이벤트다. 국내 최고층 럭셔리 호텔로 유명한 시그니엘서울은 이 부분에 주목해 최고의 순간을 아예 패키지 상품으로 만들었다. 그런데 가격이 눈을 의심케 한다. 2000만 원. 여기에 커플 스파를 포함하면 1000만 원가량 더 붙는다. 슈퍼리치 예비 신랑은 "중요한 인생의 한 장면을 연출하겠다는데 가격이 무슨 문제냐"는 입장이란다. 잠시 예비 신랑으로 빙의돼 보기로 한다.

아버지 회사에서 경영수업을 받고 있는 예비 신부. 미국 바이어와 미팅 때문에 출장을 갔다가 오전에 입국한단다. 오늘은 반드시 고백해야겠다는 생각에 마음이 조급해진다. 일단 시그니엘서울 버틀러와 상의해보니 공항 픽업 서비스를 이용할 수 있다는 답이 돌아왔다. 차량은 대당 4억6000만 원을 호가하는 최고급 세단인 '롤스로이스 고스트'다.

인천국제공항으로 마중 나가는데 혼자 차를 몰고 다니다 기사가 직접 몰아주는 차에 타니 기분이 다르다. 안락한 고급 소파에 앉은 듯 편안한 데다 좌석도 넉넉해 두 발 편안히 뻗고 잠시 눈을 감으며 오늘의 깜짝 이벤트를 그려본다. '도착하면 피곤할 테니 호텔에 있는 에비앙 스파에서 커플 마사지를 먼저 받고 쉬라고 할까? 아니면 프러포즈 후에 감동한 그녀를 이끌고 스파로 갈까?' 고민하다 일단 '선 스파, 후 이벤트'로 방향을 잡았다. 그사이 공항에 도착했다.

그녀가 걸어 나온다. 나는 수줍게 손을 흔든다. 찡긋 웃음을 보이는 그녀가 한없이 사랑스럽다. 내가 한 일은 여기까지. 그녀의 여행가방이며 옷은 모두 일일 기사님이 이미 받아 먼저 차에 실었다.

　차를 보자 깜짝 놀란 그녀.

　"와~ 오늘 무슨 날이야?"

　"가보면 알아."

　차창으로 반사된 그녀의 얼굴에는 미소가 번진다. 장시간 비행에 다소 지쳐 보였던 얼굴이 새삼 밝아진 데다 가벼운 콧노래까지 흘러나오니 일단 내 마음도 진정된다. 호텔 도착.

　상시 대기 중인 벨데스크 직원이 문을 열어주더니 짐을 받아 79층 로비까지 물 흐르듯 안내한다. 프런트 직원이 일대일로 직접 체크인을 도와주더니 전용 엘리베이터로 데려간다. 층수 버튼을 누르는데 '100'이다. 럭셔리 프러포즈 패키지에 기본으로 포함돼 있는 시그니엘서울의 '로열 스위트'다. 1박 2420만 원짜리 국내 최고가 객실이다. 2000만 원 패키지 상품에는 숙박, 식사가 모두 포함이다. 나름 합리적인(?) 소비다 싶다.

　순간이동한 듯 100층에 도착했다.

　"와~~."

시그니엘서울 100층에 자리한 로열 스위트룸이 이 프러포즈 패키지에 기본으로 포함돼 있다. 크리스틸 샹들리에는 스와로브스키, 인테리어 소품은 보테가 베네타 제품이다.

문을 열자 그녀의 입에서 탄성이 터져 나왔다. 무엇보다 전망에 매료된 듯 연신 싱글벙글이다. 마침 미세먼지가 걷히자 멀리 인천까지 보인다. 층고도 일반 객실의 두 배 정도로 높다 보니 크리스털 샹들리에가 유독 눈에 들어온다. 스와로브스키에서 직접 제작한 시가 5000만 원짜리라나? "가구만 8억 원에 달하고 리모컨 트레이, 티슈 케이스 같은 소품도 각 200만 원 상당의 이탈리아 럭셔리 브랜드 '보테가 베네타Bottega Veneta' 제품들로 구성돼 있다"는 설명에 그녀는 연신 고개를 끄덕인다.

"장거리 비행이라 피곤했을 텐데 스파 먼저 받을까?"

반가운 표정이다. 86층 엘리베이터 문이 열리자 '에비앙 스파'가 눈에 들어온다. 2017년 국내 최초, 아시아에서는 도쿄와 하노이에 이어 세 번째로 문을 열었다는 그곳이다. 빛과 바람, 물과 흙, 풀과 나무 등 알프스의 가공되지 않은 순수한 자연의 원음을 느낄 수 있는 아쿠아 사운드Aqua Sound, 시간의 흐름에 따른 태양의 사이클을 느낄 수 있는 스카이 라이브Sky Live 영상이 압권이다. 스파 매니저에게 사전 정보를 들은 대로 얘기해준다.

"여기서 가장 눈에 띄는 프로그램은 500만 원(30분)에 달하는 '에비앙 센서리 저니'라고 해. 오직 시그니엘서울에서만 즐길 수 있는 건데 알프스 산맥의 천연 여과를 거친 순수 에비앙 워터 600리터로 욕조를 채웠대. 한번 몸 담가봐. 나오면 바로 커플 스파 프로그램이 준비돼 있다니까 2시간 동안 마사지 받자.”

그로부터 3시간. 에비앙 스파는 말 그대로 천국. 마사지를 받으면 노곤해질 것 같았지만 오히려 그녀는 눈을 반짝이며 “다음 스케줄도 있어?” 물어온다.

‘프러포즈에서 빼놓을 수 없는 요소는 역시 로맨틱한 식사지!’라며 미쉐린 3스타 셰프 야닉 알레노에게 미리 시나리오를 주고 호기롭게 “배고프니 멀리 가지 말고 룸서비스로 시켜 먹자”며 이끌었다. 참고로 야닉 셰프는 이 호텔의 레스토랑 ‘스테이STAY’ 개점과 운영에 참여하고 있다.

방으로 들어오자 얼마 안 돼 노크 소리가 들린다.

“룸서비스입니다.”

메뉴를 보니 입이 떡 벌어진다. 최고급 캐비아를 곁들인 스타터부터 미래를 약속한 연인이 사이좋게 배려하며 나눠 먹을 수 있는 콘셉트로 제공되는 티본 스테이크, 그리고 ‘그랑 에세조 그랑 크뤼, 도멘 드 라 로마네 콩띠(360만 원)’ 와인까지 로맨틱한 디너를 위한 모든 것을 갖췄다. 스테이의 총괄셰프가 직접 룸으

秀 삶, 남다름

로 와서 음식 서비스와 메뉴를 설명해주니 구름 위에 올라앉아 있는 기분마저 든다. 마지막 디저트라며 플레이트에 담아 온 것은 오늘의 메인 이벤트. 그렇다. 다이아몬드 반지다.

셰프가 플레이트 뚜껑을 열자 짠~ 하며 나왔다.
"나랑 결혼해줄래?"
눈가에 살짝 이슬이 맺힌 그녀는 *끄덕끄덕*. 상황 종료다.
우리의 미래를 축하해주는 듯 객실에는 100송이 장미꽃 부케를 비롯해 계절감이 살아 있는 '플라워 데커레이션'이 더해져 로맨틱한 분위기를 한껏 돋웠다. 일생에 한 번이라는데 이 정도면 대성공 아닐까.

최고급 스드메와 초호화 결혼식의 만남

힐튼부산 웨딩 패키지

슈퍼리치를 위한 초호화 결혼 상품도 있다. 2018년 1월 힐튼 부산 호텔에서 내놓은 '밀리어네어 웨딩 패키지'. 패키지 내에서 옵션 구성과 선택하는 품질에 따라 가격이 천차만별이기는 하다. 모든 구성을 최고급으로 꾸민다고 가정하면 하객 100명 기준 결혼식에 필요한 비용이 총 6억 원에 달한다.

힐튼부산을 방문해 취재한 내용을 바탕으로 슈퍼리치 A씨의 가상 결혼식을 꾸며봤다.

힐튼부산 호텔을 찾았다. 밤낮없이 사람이 북적거리는 광안리 · 해운대 해수욕장에서 10km가량 떨어진 기장군에 있다. 호텔 앞으로 펼쳐진 고요한 바다 풍경과 시원한 바닷바람이 기분 좋게 반긴다. 벌써 예감이 나쁘지 않다.

호텔 1층 '웨딩살롱'에 들어섰다. 힐튼부산에서 진행하는 결혼식 상담을 받는 장소다. 벽면에는 크리스털 잔과 은장도 등 고급스러운 혼수용품으로 가득하다. 전혜윤 힐튼부산 웨딩&소셜이벤트 지배인이 환한 미소로 맞이했다. 상담 의자에 앉으면 맞은편 통유리로 오션뷰가 펼쳐진다. 전 지배인이 TV를 틀더니 힐튼부산 '밀리어네어 웨딩 패키지' 구성을 소개하는 짤막한 영상을 보여줬다. 유명 사진작가가 진행하는 리허설 촬영부터 화려한 플라워 데커레이션, 드넓은 바다가 보이는 연회장, 명품 세단 재규어를 타고 신혼여행을 출발할 공항으로 떠나는 '드롭 오프' 서비스까지.

신부 얼굴을 슬쩍 쳐다봤다. 마음에 쏙 드는 눈치다. 풀 패키지 구성으로, 각각의 품질도 최고급으로 준비해달라고 주문했다. 가격은 대략 6억 원. 입이 떡 벌어지는 돈이기는 하지만 통 큰 투자를 감행하기로 결정했다. 인생에 단 한 번뿐인 결혼 아닌가. 전 지배인은 "힐튼부산 결혼식은 '데스티네이션 웨딩'을 표방한다. 신랑, 신부와 하객이 결혼식에 오는 것 자체를 여행과 휴양으로 느낄 수 있도록 하는 게 목적이다. 가격은 웨딩드레스 구입을 전제로 한 액수다. 상황에 따라 풀 패키지에서 몇 가지 옵션을 빼도 된다"고 설명했다.

리허설 촬영을 위해 힐튼부산을 다시 찾았다. 촬영은 '오중석 스튜디오'에서 맡는다. 지성·이보영, 하하·별 부부 웨딩촬영을 진행했던 오중석 작가가 운영하는 스튜디오다. 별도 스튜디오 촬영은 없지만 문제없다. 힐튼부산 곳곳에 예쁜 장소를 찾아다니며 찍는 사진만으로 충분하다. 바닷가 산책로는 물론 1층 별관에 마련된 채플홀, SNS 필수 포토존으로 유명한 로비 입구 등 10여 개 장소에서 찍는다. 촬영이 끝나고 힐튼부산 프리미엄 객실에서 투숙하며 피로를 풀었다.

결혼식 필수인 '스·드·메' 중 겨우 하나 완료. 다음은 드레스 차례다. 밀리어네어 웨딩 패키지에서 쓰는 웨딩드레스 브랜

秀 삶, 남다름

드는 '오스카 드 라 렌타Oscar de la Renta'다. 장동건·고소영 부부 결혼식에서 고소영이 입었던 최상위 명품 브랜드다. 대여해도 되지만 구매하기로 했다. 웨딩드레스 한 벌 가격은 2억 원. 억 소리 나는 액수지만 기분이다. 드레스를 구매하면 결혼식 애프터 파티와 브라이덜샤워 등 나머지 행사에서 입을 드레스를 무료로 대여할 수 있는 혜택도 준다.

결혼하기 전 맘껏 놀아야 하는 법. 신부와 친구들이 만나 1박을 하며 노는 처녀파티 '브라이덜샤워'도 패키지에 포함돼 있다. 상담 장소인 줄로만 알았던 웨딩살롱은 화려한 꽃장식과 함께 훌륭한 파티장으로 변모한다. 친구 네 명과 함께 빨간 파티 드레스를 입고 신부가 나타났다. 테이블 위에는 홍차에 초콜릿과 타르트, 과자 등 먹을거리를 곁들인 '애프터눈 티세트'가 가득 올라 있다. 모든 음식은 프랑스 출신 유명 파티시에 데이비드 피에르가 직접 만든다. 남은 수다는 힐튼부산 이그제큐티브룸에 투숙하면서 밤새 나누면 된다.

신부 친구만 재미 보면 되나. '베첼러 파티'라고 부르는 총각 파티도 힐튼부산에서 했다. 장소는 미팅룸 1번. 서재 느낌이 물

힐튼부산에서 내놓은 웨딩 상품 '밀리어네어 웨딩 패키지'는 슈퍼 리치들이 꿈꾸는 결혼식을 실현시켜 준다. 하객 50인 미만 스몰 웨딩 연회장인 '채플홀'에 신부가 서 있는 모습.

씬 나는 인테리어가 인상적이다. 각종 카나페에 칵테일 리셉션, 최고급 위스키와 코냑이 준비됐다. 정장으로 한껏 멋을 낸 친구들과 함께 이런저런 얘기를 나눴다. 모든 파티에는 기념사진 촬영이 있다. 이 또한 오중석스튜디오가 맡는다.

드디어 대망의 결혼식 날. 신부대기실은 힐튼부산 1층 별관 '채플홀'이다. 50명 미만 '스몰웨딩'에는 결혼식 장소로 쓰이는 곳이지만 이번에는 신부대기실로 사용하기로 했다. 연회장으로 사용할 수 있는 장소는 총 네 곳이다. 채플홀과 야외 연회장인 '오션가든', 100명 이상 모이는 행사에 사용하는 '볼룸'과 최대 1200명까지 수용 가능한 '그랜드볼룸'이다. 우리는 볼룸을 결혼식장으로, 애프터 파티는 오션가든에서 진행하기로 했다. 밀리어네어 패키지에서는 1층에 있는 모든 연회장을 신부대기실이나 애프터 파티 장소 등으로 자유롭게 사용 가능하다. 1층을 아예 전세 냈다고 보면 된다.

팡파르가 울리고 신랑 입장. 긴장을 풀어준 것은 연회장 안을 뒤덮고 있는 화려한 꽃장식이다. 기본 1500만 원부터 시작하지만 이번 결혼식에는 특별히 1억 원을 투입했다. 연회장 곳곳이

리시안셔스, 달리아, 헬레보루스 같은 수입 생화로 가득하다. 천장에 매달린 플라워 샹들리에부터 꽃으로 만든 커튼과 휘장, 만개한 벚꽃나무를 그대로 가져와 만든 입구 장식까지. 그야말로 돈값을 하는 풍경이다.

부모님이 있는 가족석으로 눈을 돌리면 반짝반짝 빛나는 크리스털 식기 세트가 보인다. 그릇과 와인잔은 물론 촛대와 하이볼 세트도 있다. 프랑스에서 1764년에 창업해 지금까지 가업을

크리스털 식기 세트는 바카라에서 만든 제품이다. 그릇과 와인잔은 물론 촛대와 하이볼 세트도 있다. 식이 끝나면 양가가 그대로 가져간다.

이어가고 있는 전통 크리스털 브랜드 '바카라'에서 만든 제품이다. 가격은 5000만 원이다. 식이 끝나면 식기 세트는 양가가 그대로 가져가면 된다. 챙길 수 있는 혼수용품이 또 있다. 신부 메이크업에 사용했던 스위스 초고급 스킨케어 브랜드 '라프레리la prairie'의 신부 화장품 세트다. 화장품은 보통 신랑 측 어머니가 신부에게 주는 관행이 있는데, 밀리어네어 패키지에서는 이런 고민이 자연스럽게 해결이 된다. 오스카 드 라 렌타 웨딩드레스를 입고 라프레리로 메이크업을 한 천사 같은 신부가 입장했다.

시간이 어떻게 지나갔는지, 식이 끝나고 테이블마다 하객 식사가 준비된다. 힐튼부산 총주방장인 강재현 셰프 총지휘하에 만든 코스 요리다. 요리 수는 7개, 1인 기준 가격은 30만 원이다. 애피타이저부터 남다르다. 훈제 철갑상어에 캐비아를 올려 완성한 음식이다. 층마다 염소 치즈를 끼워 넣고 부드러움을 극대화시킨 푸아그라도 꿀맛이다. 초고급 식자재 '트러플'이 데커레이션으로 사용될 정도니 말 다했다. 메인 요리도 특급이다. 최고급 안동 한우를 56℃에서 2시간 30분 동안 수비드(미지근한 물에 데우는 조리법) 방식으로 익힌 스테이크다. 술은 '황제 샴페인'이라 불리는 '루이 로드레' 샴페인을 쓴다. 강 셰프는 "하객은 결혼식에 가서 먹는 음식 가격이 얼마인지 알 방법이 없다. 한눈에 봐도 '공 들였구나'라는 기분이 절로 들 정도로 요리를 만들어야 하는 이유다. 철갑상어를 훈연하거나 푸아그라 위에 다섯 가지 소스를 올리는 등 특수 조리기법을 사용했다"고 설명했다.

모든 행사가 끝났다. 호텔 스위트룸에서 기분 좋은 1박을 마치고 이제 신혼여행을 나선다. 몰디브 콘래드호텔에서 4박 5일을 머무는 숙박 패키지다.

영국 프리미엄 세단 재규어 XJ가 입구 앞에 위풍당당 대기 중이다. 신혼여행을 떠날 공항까지 우리 부부를 데려다줄 자동차다. 재규어랜드로버 공식 딜러 효성프리미어모터스 관계자는 "흔히 타는 리무진보다 재규어가 오히려 차내 공간이 넓다. 최고급 가죽 시트는 물론 커다란 터치스크린 화면과 간이식탁 등 비행기 일등석을 연상시키기 때문에 인기가 많다"고 말했다.

내 집 서재와 같은 은행

하나금융그룹 클럽원

서울 삼성역 인근. 한전 부지 바로 건너편에 흰색 바탕에 올록볼록한 무늬를 한 독특한 건물이 눈길을 사로잡는다. 차를 몰고 지하 2층 주차장으로 내려갔다. 눈이 휘둥그레진다. 롤스로이스, 람보르기니, 마세라티, G바겐 등 대당 1억 원 이상 최고급 수입차 경연장을 방불케 하는 분위기다. 마침 마세라티에서 내린 30대 남성과 같은 엘리베이터를 타게 됐다. 이런저런 대화를 나누는데 "차를 좋아해 직접 주차하지만 바쁠 때는 무료 발레파킹 서비스를 이용한다"고 얘기한다. 6층에서 8층 사이에서 주로 머무는데 꼭 금융 업무를 본다기보다는 휴식공간으로 많이 활용한단다.

6층에서 함께 내렸다. 첫 방문이라 회사 관계자를 만나기 위해서는 초인종을 눌러야 했다. 반면 엘리베이터에서 만난 인사는 지갑에서 골드카드를 꺼내더니 익숙하게 카드 인식기에 갖다 대고는 유유히 실내로 들어간다. 잠시 문이 열릴 때 안쪽을 곁눈질해 보니 별천지다. 잘 꾸며놓은 금융사 상담센터 정도겠거니 했는데 북카페를 연상시키듯 장서가 놓여 있고 소파며 테이블 역시 고급스럽다. 특급호텔의 '이그제큐티브 라운지'에 가깝다고나 할까. 하나금융그룹의 복합점포 '클럽원' 얘기다. 지난 2017년 첫선을 보인 '클럽원'은 자산 30억 원 이상의 슈퍼리치 대상 전용공간이다.

"무조건 막는 것은 아닙니다. 단순하게 금액 단위로 이용 자격요건을 강제하지는 않지만 이용 고객의 최하 자산금액이 30억 원 이상인 것은 맞습니다. 물론 잠재력 있는 고객도 상담은 받고 있습니다. 그런데 저희 전문 PB들이 일단 상담해보면 앞으로 계속 커갈 자산가인지, 허세꾼인지 금방 알아차립니다. 문을 열 때만 해도 자산운용액이 1조 원이 채 되지 않았지만, 2018년 7월 말 기준 1조6000억 원을 돌파할 정도로 슈퍼리치

秀 삶. 남다름

고객 사이에서는 입소문이 났습니다."

이재철 KEB하나은행 클럽원 센터장의 설명이다.

이 센터장 안내에 따라 6층 실내로 들어섰다. 웬만한 독서실 책상 크기만 한 사진 책자가 눈길을 끈다. 미국 국회도서관 선정 '살아 있는 전설의 사진작가' 애니 레보비츠와 세계적인 팝 아티스트 데이비드 호크니의 《빅북A Bigger Book-THE DAVID HOCKNEY SUMO》 컬렉션이다. 유명인사 사진을 대형 책자에 담았는데 한정판이라 수천만 원을 호가한다.

그 밖에도 미술, 건축, 디자인, 역사, 금융 등 각 분야별 장서가 약 3000권가량 빼곡히 벽면을 채우고 있다. 소파 배치는 폐쇄형 혹은 개방형으로 돼 있어 파묻혀 독서를 즐기려는 이들과 대화를 즐기는 이들이 서로 방해받지 않으면서 한 공간에서 어울릴 수 있다. 이 센터장이 벽면 한쪽으로 이끈다. 분명 벽장 같았는데 손으로 미니 비밀의 방처럼 스르륵 벽이 움직인다.

음악감상실이란다. 한 명 혹은 서너 명이 동시에 들어가 음악을 듣거나 영화를 볼 수 있는 곳으로 슈퍼리치 사이에서는 가장 예약이 치열한 공간이라는 설명이 뒤따른다. 흔히 그랜드 피아노 브랜드로만 알려진 '스타인웨이앤드선스STEINWAY & SONS'

하나금융그룹의 '클럽원'은 자산 30억 원 이상의 슈퍼리치를 위한 아주 특별한 '은행 창구'다. 다양한 문화시설을 여유롭게 즐기며 커뮤니티 공간으로도 이용할 수 있다.

에서 이 공간에 맞춤형으로 스피커(7.1채널)를 설치했다고. 음악 감상 시 현장음을 모두 잡아줄 정도의 고품격 음질을 구현했다. 방대한 양의 CD, 고가의 스크린까지 갖추고 있다 보니 도심 속 휴식을 취하기에는 그만이다.

한 층 올라가 봤다. 엘리베이터 앞 복도에는 작은 전시가 펼쳐지고 있다. '에그 의자'로 유명한 덴마크 디자인 회사 '프리츠 한센FRITZ HANSEN'의 다양한 한정판 제품이 눈길을 끈다. 각 층 전시공간은 해외 명품은 물론 국내 맞춤정장 브랜드 '레리치' 등이 팝업스토어 형태로 입점해 볼거리와 즐길 거리를 제공한다.

7층에 오르니 19세기 프랑스 시대 가스등이 켜진 거리를 연상케 하는 공간이 나타난다. 복도를 따라 들어가면 개별 룸으로 구성돼 있는데 테마가 있는 상담실이다. 각 방마다 권오상 작가의 '모빌', 최성임 작가의 '더 홀로 트리', 박윤경 작가의 '하이퍼 네이처' 등 유명 작가 작품이 걸려 있다. 아기자기한 방 하나에는 핀란드 프리미엄 라이프스타일 브랜드 이딸라iittala 찻잔 컬렉션만 모아놓기도 했다. 여성 고객 마음을 사로잡으려는 전략인가.

"슈퍼리치는 과도한 접근과 친절을 오히려 싫어한다. 은근한 듯하지만 끊임없이 관심을 보이며 필요할 때 다가오는 것을 선호한다. 하드웨어뿐 아니라 세세한 소프트웨어까지 차별화하기를 원하기 때문에 고가 그림도 소장 가능한 전용금고, 상담실도 다양한 취향에 맞춰 구성했다. 여기서 단순 재테크뿐 아니라 M&A, 벤처투자, 법인설립 등 다양한 사안을 협의한다. 그래서 이곳은 은행, 증권, 보험을 망라한 원스톱 금융 서비스를 제공하기 위한 복합점포로 출범했다."

이 센터장의 설명이다.

주요 고객은 어떤 사람들일까.

거액 자산가(은퇴 사업자, 은퇴 공무원, 의사 등 전문가)는 기본. 여기에 더해 강남권에 위치해 있고 주변에 신생 기업이 많다 보니 다른 PB센터와 달리 벤처기업가가 많다고. 이들은 따로 기사를 두지 않고 캐주얼 의상을 즐긴다고. 그 덕에 클럽원 분위기가 한층 화려하고 다양한 색깔이 나도록 하는 데 일조한다고 덧붙였다. 또 벤처기업가 고객들은 '그들만의 리그'를 만들고 같은 테마 아래 다양한 투자 방안을 모색하는 등 다른 연령대 고객과는 다른 양상을 보인다는 설명이다. 노출을 꺼려 하는 연예인이나 대규모 사업을 이끌다 엑시트(주식 매각)한 유명 사업가도 가끔씩 볼 수 있단다.

워낙 다양한 슈퍼리치가 오가다 보니 투자 성향도 가지각색
이다.

"30~40대는 스타트업 오너 혹은 벤처투자로 신흥 부자가 된
이들이 많은데 이들은 현재 사업에 몰두하면서 자산관리는 PB
센터 전문가에게 맡기고 싶어 하는 니즈가 강합니다. 또한 개인
자산관리뿐 아니라 해당 법인의 다양한 업무까지 맡기는 경향
도 있습니다. 50대 중년 자산가들은 리스크 통제에 상당히 신경
을 많이 씁니다. 크게 돈을 벌겠다기보다 적정하게 통제된 평균
수익률을 높이는 것에 관심이 많습니다. 세무, 법률, 부동산 상
담 문의가 가장 많은 층이지요. 어느 정도 여유가 있다 보니 해
외 부동산 투어, 아트 투어 등 삼삼오오 짝을 지어 주제가 있는
테마여행을 즐기기도 하고요. 의외로 80대 이상 자산가도 꽤 되
는데요. 이들은 다양한 문화 서비스 이용 외에도 상속 관련 사
전대비가 제일 관심사입니다. 그래서 세무 · 법률 전문가와 상
담하면서 생전 · 유언신탁, 시니어타운 입주, 사업체 정리 등의
서비스를 많이 이용하고 실제 실행에 옮기기도 하지요."

8층은 각종 세미나, 설명회가 가능한 공간으로 사람들이 북

적거리는 분위기다. 와인, 위스키도 개인 저장고를 마련해줬고 간단한 쿠키도 제공된다.

"개인 소모임 등 모든 공간 이용은 사전예약이 필수입니다. 노출을 극도로 싫어하기 때문에 동선이 읽히지 않도록 배려하기 위해서입니다. VVIP 카드를 발급받으면 딱히 영업시간에 구애받지 않고 도심 속 커뮤니티 공간으로 이용할 수 있습니다. 이런 특권 덕분인지 슈퍼리치가 점점 더 몰리는 분위기입니다."

슈퍼리치 라이프 일일 체험기

서울드래곤시티

차를 몰아 일부러 지하 3층 주차장으로 들어선다. 벤츠 G바겐, S클래스 마이바흐, BMW i8, 롤스로이스 고스트, 페라리 등이 나란히 주차돼 있다. 유명 래퍼 도끼 소유 차량이란다. 요즘 국내외 팬들 사이에 '촬영 성지'로 뜨고 있다는 바로 그곳이다. 도끼는 방송에 출연해 용산 고급 레지던스 호텔에 입주했다고 밝혔다. '서울드래곤시티 그랜드머큐어 앰배서더 용산'이다. 그랜드머큐어는 아코르호텔그룹의 최상위 럭셔리 호텔 브랜드로 국내에선 최근 첫선을 보였다.

도끼가 묵는 곳은 이 호텔에서 두 곳밖에 없는 펜트하우스. 1실당 약 128평(425m²)에 달한다. 가격은 1박에 680만 원, 한 달이면 2억 원을 훌쩍 넘는 돈을 지불해야 한다. 월 2억 원대 레지던스는 도대체 어떤 곳이며 투숙객이 되면 어떤 특전이 있을까. 기자는 도끼의 지인이 아니므로(언제든 되고 싶은 생각은 있다) 도끼가 사는 집을 들어가 볼 수는 없었다. 대신 호텔 협조를 구해 동일 규모의 다른 객실을 둘러볼 뿐.

펜트하우스 버틀러가 체크인을 돕겠다고 나섰다. 펜트하우스는 투숙객뿐 아니라 투숙객을 찾아오는 손님에게도 서비스가 동일하게 진행된다. 슈퍼리치가 못 될 바에 슈퍼리치 친구라도 꼭 되고 싶다는 생각이 스친다. 에스코트를 받아 엘리베이터에 올랐다. 나무 격자로 장식된 벽면을 감상하는 사이 순식간에 최상층 31층에 도착했다. 객실 문을 열자 통유리를 통해 쏟아지는 햇빛이 눈부시다. 넓은 객실로 들어서자 탁자 위에 놓인 치즈 플레이트, 와인, 과일이 먼저 눈에 들어온다. 펜트하우스 고객만을 위한 서비스다. 반려견 동반도 가능하다. 반려견을 동반하면 혹시 옷에 털이 묻었을까 옷을 받아 의류관리기에 걸어준다.

장기 투숙객을 배려한 서비스드 레지던스 호텔인 만큼 여느

호텔에서는 찾아보기 힘든 주방이 인상 깊다. 넓은 공간에 널찍한 원목 식탁이 마련돼 있고, 독일 명품 주방가전으로 유명한 '해커Häcker'사의 빌트인 인덕션과 마이크로웨이브 오븐 등이 준비돼 있다. 금액만 약 7000만 원 상당이란다. 식기도 예사롭지 않다. 200년에 가까운 역사를 가진 포르투갈 테이블웨어 브랜드 '비스타알레그레VISTA ALEGRE'사 제품이다. 영국, 네덜란드 여왕 등의 황실과 각국 대사관에서 사용하는 최고급 브랜드라나.

화장실에 들어서자 국내 그랜드머큐어용으로 특별 제작된 어메니티에 또 한 번 놀란다. 금박 그랜드머큐어 문양이 새겨진 고급스러운 가죽 케이스를 열자 한국의 대표적인 남쪽 지방 꽃인 유채꽃 향을 첨가한 보디로션과 반짇고리 등 한국적 색깔이 녹아 있는 제품들이 정갈하게 들어 있다. 유채꽃 향이 은은하게 퍼진 창가 욕조에 몸을 담그고 서울의 야경을 감상하며 휴식을 취하는 상상을 해본다.

그랜드머큐어는 총 202실이다. 대부분 장기 투숙을 하는데 워낙 시설이나 입지가 좋다 보니 이미 외국계 회사 CEO, 국내 대기업 소속 외국인 임원, 교수 등이 속속 입주해 예상 목표치를 단기간에 초과 달성했다는 게 호텔 관계자 설명이다.

'월 2억 원'을 내는 슈퍼리치 장기 투숙객이 열광하는 건 또 있다. 그랜드머큐어가 포함된 서울드래곤시티에는 총 1700객실 호텔은 물론 동시 4900명 수용이 가능한 컨벤션센터가 위용을 뽐낸다. 31층부터 34층 상공에 있는 엔터테인먼트 시설 '스카이 킹덤'에선 투명 바닥(스카이워크) 위를 걷는 짜릿함도 느낄 수 있다. 피트니스센터, 수영장만 두 곳, F&B(식음료) 시설은 열한 곳에 달한다.

슈퍼리치의 동선을 마저 따라가 본다. 5층 피트니스센터 로비로 들어선다. 로커룸 키를 받아 들고 들어가 운동복으로 갈아입는다. 5층 사우나를 중심으로 아래층은 골프와 스크린야구 연습장이, 위층에는 체련장과 수영장, 필라테스, 아로마요가 스튜디오가 들어서 있다. 4층부터 8층까지 운행되는 피트니스 전용 엘리베이터와 계단이 있어 투숙객과 마주치는 일 없이 빠르게 이동할 수 있다.

그런데 아로마요가? 생소하다. 특급호텔에선 이곳밖에 운영하지 않는단다. 미스코리아, 슈퍼모델 출신 국제자격증 보유 송다은 트레이너가 개인 레슨 형태로 진행하는데 요가는 기본, 트레이너가 고객별로 심신안정, 활력 등 맞춤형 아로마오일을 블

사진제공 서울드래곤시티

용산에 위치한 '서울드래곤시티 그랜드머큐어 앰배서더'는 서울에 장기 체류하는 외국인 CEO
나 임원, 교수 등이 많이 이용한다. 물론 래퍼 도끼가 묵는 것으로 더 유명해졌다.

렌딩해 수업을 진행한다. 레슨 일정이 나오면 순식간에 완판이란다. 줌바, 태보, 발레핏, 보디 플렉스 프로그램도 따로 들을 수 있어 금상첨화다.

4층 프라이빗 골프 레슨룸에서는 세계 정상급 선수들이 사용하는 골프 연습 시뮬레이터(GDR)로 KPGA 프로에게 3D 스윙 분석 프로그램과 고속 카메라 영상을 통해 스윙 교정을 받을 수 있다.

가볍게 땀을 빼기 위해 6층 체련장으로 올라간다. 높은 천장까지 이어진 통유리창이 시원한 인상을 준다. 운동을 시작하기 전부터 몸이 가벼워지는 느낌이다. 137평(455m²)에 이르는 넓은 공간은 미국 유명 피트니스 기구 브랜드 '라이프피트니스Life Fitness'사의 최신식 설비로 채워졌다. 그중 창가를 따라 설치된 19인치 터치스크린 TV 내장 러닝머신이 눈에 들어온다. 웹사이트에서 정가를 확인해보니 2000만 원을 훌쩍 넘는다.

스크린에서 6개의 운동 장소 중 '독일'을 선택하자 화면으로 울창한 하이킹 코스가 펼쳐진다. 실제 화면에 보이는 상황에 따라 속도나 운동 강도가 변경돼 시간 가는 줄 모르며 러닝을 즐겼다. 서울 한가운데서 유럽의 아름다운 하이킹 코스를 경험한 것 같다.

간만에 운동을 했더니 출출하다. 옷을 갈아입고 1층 로비에 위치한 와인바&델리 '알라메종A La Maison'으로 향했다. 낮에는 고급 티, 커피와 함께 홈메이드 베이커리를 즐기고, 저녁에는 수입 와인과 다이닝을 즐길 수 있는 곳. 병당 250만 원대를 호가하는 '루이 로드레 크리스탈 로제 빈티지 브뤼 2011'도 리스트에 올라 있다. 직원에게 메뉴 추천을 부탁했다. 시그니처 메뉴인 '불고기 볼로방'이 슈퍼리치 사이에 인기란다. 프랑스식 퍼프페이스트리 위로 버섯과 불고기 요리를 얹어 동서양 음식의 조화, 독특한 식감을 느낄 수 있다.

날이 저문다. 펜트하우스에서 보는 야경도 좋지만 가수 비가 컴백 쇼케이스를 했다는 클럽 라운지 '스카이킹덤'이 물(?)이 좋다는 정보를 입수, 올라가 보기로 한다. 스카이킹덤 전용 엘리베이터에 탑승하니 통유리로 거대한 황금빛 동상이 눈길을 사로잡았다. '드래곤마스터 두두'다. 8층 건물 높이의 대형 구조물로 실제 금을 입혀 제작비만 10억 원을 호가한다는 바로 그 동상이다.

31층 엘리베이터 문이 열리니, 또 별천지다. 한강과 남산이

가수 비가 컴백 쇼케이스를 해서 더 유명해진 서울드래곤시티 '스카이킹덤'.

보이는 환상적인 야경 사이로 감각적인 클럽 음악이 흘러나온다. 황실 마차를 모티브로 한 코치바Coach Bar부터 수영장과 스카이워크, 디제잉 부스까지 눈길을 사로잡는다.

　다만 슈퍼리치나 유명인사는 31층보다는 33층에 위치한 '스파이 앤 파티룸Spy & Party Room'을 더 선호한다고. 요트, 눈, 카지노, 우주 등 총 네 가지 콘셉트의 파티룸이 있는데 방 하나 빌리는 데 500만 원이라니 눈이 돌아간다. 요트 파티룸을 들여다보니 왜 있는지 모르겠지만 자쿠지(기포가 나오는 욕조)와 개별 샤워실, 선베드, 화장실까지 완벽하게 갖춰져 있다.

秀 삶, 남다름

시간이 되자 화려한 복장의 사람들이 파티룸으로 속속 들어갔다. 이내 문이 닫힌다. 즐거운 웃음소리와 비트 강한 음악이 흘러나왔다. 그렇게 밤은 깊어만 간다. 슈퍼리치 투숙객은 그냥 투숙만 하는 게 절대 아니란 걸 알게 된 하루다.

슈퍼리치 전문 PB가 말하는 슈퍼리치

슈퍼리치가 마음 놓고 자산관리 상담을 하는 PB(private banker). PB가 보는 슈퍼리치는 어떤 사람들일까?

국내를 대표하는 고액자산가 전문 PB 신동일 KB국민은행 강남스타PB센터 부센터장과 이재철 KEB하나은행 PB사업부장을 만나 슈퍼리치의 재테크 습관과 라이프스타일 등에 대해 이야기를 나눴습니다. 답변을 토대로 가상의 좌담회를 꾸며봤습니다.

Q. 자산을 어느 정도 보유해야 슈퍼리치라고 불릴 수 있을까

신 기준은 개인마다 다를 것이다. 개인적으로는 총자산이 100억 원 이상이라면 슈퍼리치라고 생각한다. 물론 이건 최소 기준이다. 슈퍼리치 사이에서 슈퍼리치로 인정받으려면 총자산이 500억 원 정도는 돼야 한다고 본다.

이 금융자산만 놓고 봤을 때 50억 원 이상 보유하고 있다면 '슈퍼리치'라는 말을 들을 수 있지 않을까. 총자산으로 보자면 1000억 원이 기준이 될 것 같다. 큰 금액이지만 보유자산 규모가 1000억 원 넘는 사람은 국내에 의외로 많다. 은행 등에서 운영하는 VIP 전용 자산관리센터에 방문하면 쉽게 마주칠 수 있다.

Q. 슈퍼리치의 소비 습관에서 배울 만한 점이 있다면

신 낭비를 하지 않는다. 자신이 가치가 있다고 생각하는 데에는 아낌 없이 지갑을 열지만 허튼 데에는 한 푼도 안 쓴다. 예를 들어 투자 관련 전문가를 만나거나 기부를 할 때에는 큰돈도 선뜻 내놓지만 영화를 볼 때에는 조조 할인을 받거나 카드 할인을 챙기는 식이다.

신용카드보다는 체크카드를, 체크카드보다는 현금을 선호한다는 점도 눈길을 끈다. 이 역시 쓸데없는 데 돈을 쓰지 않도록 도와주는 습관이다. 카드를 쓰면 내 주머니에서 돈이 얼마나 빠져나가는지 상대적으로 체감하기 어렵다. 현금으로 결제할 때보다 돈을 쉽게 쓰기 마련이다.

적은 돈을 우습게 생각하지 않는다는 것도 특징이다. 그간 만난 슈퍼리치 고객 중에는 동전지갑을 들고 다니는 사람도 있었고 카페에 가지 않고 편의점에서 커피를 마시는 사람도 있었다.

OI 비슷한 맥락에서 충동적인 소비는 거의 하지 않는다. 소비를 할 때든 투자를 할 때든 계획을 세워서 한다. 자금을 체계적으로 관리하기 위해 용도별로 통장을 만드는 사람도 상당수다. 이를테면 생활비 관리용 계좌, 투자자금 관리용 계좌 등을 따로 만드는 식이다. 이렇게 돈을 나눠놓으면 얼마가 들어와서 얼마가 나갔는지, 어느 정도 금액을 투자해 얼마만큼 벌어들였는지 등을 확인할 수 있다. 돈의 출처와 사용처를 알아야 소비·투자 기준이 명확해지는 만큼 돈의 흐름을 체계적으로 관리하고 분석하는 습관을 가진 사람이 많다.

Q. 재테크 방식은 어떤가

OI 투자를 할 때 혼자 결정하지 않는다. 항상 전문가에게 컨설팅을 받는다. 전문가와 미팅을 하기 전에는 꼭 공부를 한다. 예를 들면 부동산 투자를 고려하고 있다면 용적률이나 건폐율 같은 기본적인 개념을 숙지하고 부동산 시장 내 최근 이슈를 조사한 뒤 전문가를 만나는 식이다. 전문가는 의견을 제시하고 조언을 할 뿐 최종 결정은 결국 본인이 해야 하기 때문에 사전조사를 철저히 한다. 잘 모르는 시장이나 상품에는 절대 투자하지 않는다. 알 때까지 공부한다.

개인마다 투자 성향이 다르기는 한데 남들이 잘 시도하지 않는 투자 방식, 새로

운 투자처에 관심을 보이는 사람도 상당수다. 비상장사 주식이나 해외 주식·채
권 투자, 해외 부동산 투자 등이 대표적인 예다.

신 보통 사람에 비해 자산관리에 훨씬 적극적이다. '은행에 돈을 맡기면 알아서 해주
겠지'와 같은 태도를 보이는 사람은 없다고 보면 된다. 물론 PB가 자산관리 전문
가인 만큼 PB 의견을 경청하지만 PB에게만 전적으로 의존하지는 않는다.

Q. 이미 돈이 많은데도 재테크에 공을 들이는 이유는 무엇일까

이 저렴한 물건은 편하게 쓰지만 비싼 물건은 정성을 다해 관리하는 것과 비슷한 이
치인 것 같다. 게다가 슈퍼리치 대부분은 자산에 대한 애착이 크다. 후손에게 부
를 물려주겠다는 의지도 강하다.

Q. 자수성가한 사람과 타고난 금수저 슈퍼리치 간 차이점이 있나

신 큰 틀에서는 대동소이하다. 단 증여·상속 등을 통해 슈퍼리치가 된 사람이 투자
에 있어서 조금 더 공격적이다. 성공 가능성이 높다고 판단되면 리스크가 큰 투
자처에도 과감히 자산을 배분한다.

이 같은 의견이다. 자수성가형 슈퍼리치는 상대적으로 더 신중하고 계획적이다.

Q. 이 밖에 슈퍼리치의 습관이나 원칙 중 인상적인 것이 있나

신 신문이나 잡지 등을 열심히 본다. 경제 관련 이슈, 시장 트렌드, 자산의 흐름 등
을 파악하고 투자 아이디어를 얻기 위해서다. 보통 한 가지만 읽는 것이 아니라
여러 종류를 구독한다. 각 매체마다 같은 사안도 다른 관점에서 설명하기 때문이
다. 다양한 시각에서 분석한 것을 보고 인사이트를 얻는다. 예전에 만난 한 고객
은 신문을 하루에 7개씩 봤다. 보통 사람들은 포털사이트를 통해 뉴스를 보는데
슈퍼리치는 종이신문과 잡지를 선호한다. 컴퓨터로 뉴스를 접하다 보면 시간낭비

하기 쉽기 때문인 것 같다.

01 돈 되는 사업 아이템을 찾기 위해 항상 촉각을 곤두세우고 있다. 유명한 음식점에 가서 식사를 할 때에도 객단가가 얼마쯤 될지, 다른 식당과 차별점은 무엇인지, 하루 매출이 어느 정도 나올지 등을 분석한다.

자산을 자녀에게 물려주겠다는 의지는 강하지만 그냥 넘겨주지는 않는다는 점도 인상적이었다. 자산운용 방법을 철저하게 가르쳐준 뒤 증여 · 상속한다. PB센터에 데려와 교육을 시켜달라고 부탁하는 고객도 상당수 있다. 회사 경영권을 넘겨줄 때에도 경영수업을 확실하게 한 뒤 승계한다. 과거에는 슈퍼리치 2세가 바로 CEO로 취임하거나 입사한 뒤 몇 달 만에 고속승진해 임원 혹은 CEO 자리에 오르는 경우가 꽤 많았다. 최근에는 이 같은 사례를 찾아보기 어렵다. 모든 직급을 거치고 다양한 사업영역을 경험해본 뒤 CEO 자리에 오르는 경우가 훨씬 많다.

자기만의 세계에 갇혀 있는 것을 싫어한다는 점도 눈에 띈다. 정보가 중요한 시대이다 보니 다양한 분야의 사람들과 네트워크를 형성하지 않으면 도태될 것이라고 생각한다. 따라서 자신이 몸담고 있는 분야 내 사람은 물론 다른 업종에 종사하는 사람들과도 모임을 많이 한다.

부자 보고서로 보는 슈퍼리치

슈퍼리치의 라이프스타일은 은행, 연구기관 등에서 발표하는 보고서를 통해서도 엿볼 수 있다. 국내에서는 KEB하나은행과 하나금융경영연구소가 협업해 매년 발표하는 〈한국 부자들의 자산관리 방식 및 라이프스타일Korean Wealth〉이 대표적이다. KB금융지주 경영연구소도 〈한국 부자 보고서〉를 발표한다. 두 가지 모두 금융자산을 10억 원 이상 보유한 이들이 분석 대상이다.

전체 자산의 53.1%는 부동산

2019년 1월 KEB하나은행이 내놓은 보고서에 따르면 2018년 기준 슈퍼리치의 자산 중 가장 큰 비율을 차지하는 유형은 부동산이다. 전체 자산의 53.1%를 차지한다. 이 중 거주 목적 주택 비율은 31%다. 42%는 상업용 부동산, 15%는 투자 목적 주택, 12%는 토지가 차지한다. 부동산을 자산운용 수단으로 적극 활용한다는 의미다. 실제로 부자의 93.1%는 거주 목적이 아닌 투자를 위한 주택을 한 채 이상 갖고 있다고 응답했다.

투자 목적 주택의 종류를 들여다보면 중소형 아파트를 보유하고 있다는 응답 비율이 가장 높다. 대형 아파트와 오피스텔, 단독가구주택, 다세대주택이 뒤를 잇는다. 지역은 강남 3구를 포함한 서울 동남권 지역이 62.2%로 역시나 가장 많았다. 다음은 종로구와 중구를 비롯한 서울 도심권, 그다음은 경기도다. 서울 부자가 지방 부동산에 투자한 경우는 거의 없는 반면 지방 부자가 수도권에 투자한 경우는 많다는 점도 눈에 띈다.

50대 슈퍼리치는 직접투자, 60~70대는 간접투자

금융자산은 비교적 적극적으로 운용하는 편이다. 보통 사람에 비해 현금이나 예금성 자산 비율이 상대적으로 낮다. 반면 주식과 펀드 등 투자금융상품 비율이 높다. 한국은행 통계에 따르면 국내 가계 금융자산은 현금·예금 44%, 보험·연금 32%,

지분증권 · 투자펀드 20%, 채권 4%다. 안정성 자산 비율이 높다. 고액자산가는 예금 · 현금 비율이 41%로 보통 사람과 비슷하지만 보험 · 연금 비율이 14%로 확연히 낮다. 반대로 주식과 펀드, 신탁 등은 45%로 예금 · 현금보다 비율이 높다. 안정성 자산을 어느 정도는 확보해두고 나머지 자금으로는 투자를 해 수익을 추구하는 것으로 보인다.

투자 성향은 연령대별로 차이를 보였다. 50대 부자는 주식 비율이 높은 반면 60대와 70대는 펀드와 신탁 비율이 높다. 50대는 직접투자를, 60~70대는 간접투자를 선호한다는 해석이 나온다.

KB금융지주 경영연구소도 비슷한 결과를 보여준다. 국내 슈퍼리치는 일반인에 비해 직접투자 비율이 높다. 투자 성향을 놓고 봐도 위험을 감수하더라도 높은 수익을 추구하는 적극적 투자 성향을 가진 사람이 21.2%로 일반 투자자(6.5%)에 비해 높았다. 단 북미, 일본, 호주 등 다른 지역 고액자산가에 비해서는 직접투자 비율이 상대적으로 낮은 편이다. 한국 고액자산가는 주식투자 비율이 자산의 24%를 기록한 반면 해외 슈퍼리치는 27~58%를 기록했다.

암호화폐에 관심을 보이는 슈퍼리치는 일반인에 비해 적다. 한국금융투자보호재단이 진행한 조사에서 일반 투자자의 6.4%가 암호화폐에 투자 중이라고 답한 바 있다. KB금융지주 설문 조사에서는 슈퍼리치의 4%만이 암호화폐에 자산을 배분했다고 답했다. 전 세계 고자산가 중 암호화폐 투자에 관심이 있다고 답한 비율이 29%, 일본을 제외한 아시아 지역을 따로 놓고 봤을 때에는 51.6%라는 점을 감안하면 크게 낮다.

안전한 투자, 전문 PB 상담 선호해

한편 투자 결정을 할 때 가장 중요하게 생각하는 요인은 안정성(원금보장 여부)인 것으로 나타났다. 수익성과 절세효과(세금혜택)가 뒤를 이었다.

투자 결정 전 가장 많이 의견을 나누는 사람은 PB다. 슈퍼리치의 65.4%가 PB를 1순위로 꼽았다. 혼자 결정한다는 자산가는 20.5%, 배우자와 의논한다는 사람은 10.6%다. 금융자산을 100억 원 이상 보유한 슈퍼리치 중에는 PB를 꼽은 이가 73.8%다. 금융자산이 많을수록 PB 의존도가 높다는 뜻으로 풀이된다. 투자 상담을 할 때 PB 등을 직접 만나는 것을 선호한다는 응답이 83%를 기록했다. 단 연령대가 낮을수록, 금융자산이 적을수록

로보어드바이저_{robo-advisor}를 많이 쓰는 것으로 나타났다.

의외의 결과 한 가지. 슈퍼리치라면 대출 없이 살 것 같지만 부자의 48.3%가 담보대출이나 신용대출을 보유하고 있다. 일반 가계(63.7%)에 비해 비율이 낮다. 그러나 평균 대출잔액은 일반 가계 7531만 원, 고액자산가 10억7000만 원으로 훨씬 많다. 대출 목적은 주로 부동산 구매, 사업자금 마련 등이다.

안타깝게도 슈퍼리치 상당수는 당분간 한국 경제 전망을 어둡게 보는 것으로 나타났다. KEB하나은행 조사에서 절반 이상은 향후 5년간 국내 실물경제가 침체될 것이라고 예상했다. 완만하게 회복될 것이라고 응답한 고액자산가는 10%가량에 불과했다. 부동산 경기 역시 현 상태로 정체될 것이라는 응답이 39%, 완만하게 침체될 것이라는 의견이 34%를 기록했다. 빠르게 침체될 것이라고 말한 슈퍼리치도 11%나 된다. 반면 완만하게 회복될 것이라 내다보는 고액자산가는 15%에 불과했다.

KB경영연구소 연구 역시 비슷한 결과를 보여준다. 앞으로 경기 상황을 고려해 소비를 줄일 것이라 응답한 비율이 63.6%로 전년(43.6%)에 비해 20% 포인트 높았다. 한국 경제에서 복지보다 성장이 중요하다고 응답한 비율은 2017년 58.9%에서 2018년 69.9%로 늘었다.

슈퍼리치, 보통 사람보다 4배 소비

재테크 관련 데이터 외 슈퍼리치의 소비 습관도 눈길을 끈다. 부자의 가구당 월평균 지출은 1226만 원. 일반 가계 평균 지출액인 332만 원의 4배 가까이 된다. 지역별로 따져보면 강남 3구 부자의 지출액이 1366만 원으로 다른 지역 슈퍼리치에 비해 높다. 강남 3구를 제외한 서울 부자 월평균 지출은 1142만 원으로 강남 3구 다음으로 가장 많다. 연령별로 나누어보면 70대 부자 지출 규모가 가장 크다. 70대 이상 자산가의 월평균 지출액은 1316만 원. 60대는 1292만 원, 50대는 1174만 원, 40대 이하는 1128만 원이다.

부를 나타내는 대표적 수단인 자동차에 관한 데이터도 눈여겨봄 직하다. 국내 부자는 평균 자동차 1.16대를 보유하고 있다. 가족 합산으로 따져보면 2.31대. 가장 인기 많은 브랜드는 벤츠(31.8%)이며 BMW(19.5%), 현대기아차(18.6%), 아우디(10.7%)가 뒤를 이었다. 자동차 평균 보유기간은 약 5.9년. 총

자산규모가 클수록, 소득이 많을수록, 연령대가 높을수록 짧아
진다. 차를 살 때 현금으로 구입하는 비율이 52.3%로 가장 높
다. 신용카드는 32.9%, 리스와 렌탈은 각각 9.2%, 5.7%다.

거주지역은 단연 수도권이 1위였다. KB경영연구소에 따르면
슈퍼리치의 43.7%는 서울에 거주한다. 경기도가 21.3%로 2위,
부산이 6.6%로 3위다. 최근 5년간 부자 수가 가장 많이 늘어난
지역도 서울이다. 서울 내에서도 강남 3구에 서울 전체 부자의
35.6%가 거주한다. 경기도에서는 성남시가 가장 많으며 그다
음은 용인시, 고양시, 수원시 순이다.

레저 · 건강 소비 늘리고, 의류 · 외식 소비 줄이고

향후 지출 계획에 대해서는 문화와 레저에 쓰는 비용을 늘릴
것이라고 답한 슈퍼리치가 72.7%다. 의료, 의약품 등에 돈을 더
많이 쓰겠다는 자산가도 36.9%다. 여가활동을 즐기는 한편 건
강관리에도 신경을 쓰겠다는 의미다. 앞으로 지출을 줄일 것이
라고 답한 항목은 의류와 잡화(47.2%), 그리고 외식(42.3%)이다.
단 연령대를 나누어보면 응답이 조금 다르다. 40대 이하 젊은 부
자 중에는 앞으로 자녀 사교육을 위한 지출을 늘리겠다는 사람

이 많았다. 이들은 지출을 줄일 항목으로는 외식비를 최우선으로 꼽았다. 의류와 잡화 구입비를 꼽은 다른 연령대와 다르다.

슈퍼리치는 노후대비도 철저하게 하는 것으로 보인다. 부자의 90.8%는 국민연금을 비롯한 공적연금을 보유했으며 89.2%는 개인연금 등 사적연금도 갖고 있다. 현재 받는 중이거나 앞으로 받을 예정인 연금 평균 금액은 연간 4957만 원이다. 총자산이 100억 원을 넘는 이들을 따로 놓고 보면 연간 연금 수령액이 5911만 원으로 올라간다.

자산관리, 노후대비 외 사회공헌도 슈퍼리치의 관심사다. 2018년 기부를 했다고 응답한 고액자산가는 59.7%. 기부 대상은 사회복지·자선단체가 45.8%로 가장 많았으며 학교나 장학재단을 비롯한 국내 교육단체 15.1%, 외국의 의료나 자연재해·해외구호 관련 단체 등이 10.9%, 국회의원 후원금을 비롯한 국내 정치 관련 기관이 10.9%를 기록했다.

부의 시선

슈퍼리치는 어디에 눈길이 가는가

초판 1쇄 발행 2019년 8월 31일
초판 6쇄 발행 2023년 9월 04일

지은이 박수호 나건웅 김기진
발행처 예미
발행인 박진희

편집 김정연
디자인 김성엽

출판등록 2018년 5월 10일(제2018-000084호)

주소 경기도 고양시 일산서구 중앙로 1568 하성프라자 601호
전화 031) 917-7279 **팩스** 031) 918-3088
전자우편 yemmibooks@naver.com

ISBN 979-11-89877-08-8 03320

이 도서의 국립중앙도서관 출판예정도서목록(CIP)은 서지정보유통지원시스템 홈페
이지(http://seoji.nl.go.kr)와 국가자료공동목록시스템(http://www.nl.go.kr/kolisnet)
에서 이용하실 수 있습니다.(CIP제어번호: CIP2019030596)